だれにでも「いい顔」をしてしまう人

嫌われたくない症候群

加藤諦三
Kato Taizo

PHP新書

はしがき

嫌われている人で、幸せな人もいれば、不幸な人もいる。

嫌われることを恐れている人もいれば、恐れていない人もいる。

ほんとうは「いいえ」と断りたいのに、嫌われるのが怖いから「はい」と言ってしまう人もいれば、断りたいときには「いいえ」と言って断る人もいる。

また、嫌われているということが心にどう影響するかは、その人によって違う。大きな影響を被《こうむ》る人もいれば、ほとんど影響を受けない人もいる。

つまり嫌われることで、自分はダメな人間と思う人もいれば、なんとも感じない人もいる。

嫌われるという事実そのものが恐ろしいわけではない。問題は嫌われるという事実をどう感じるかということである。むしろ恐ろしいのは、嫌われるという事実よりも、それを恐ろしいと思う心である。

嫌われるのが怖い人はどのような問題を心に抱《かか》えているのか？　嫌われるのが怖くない人はどのような心を持っているのか？

嫌われるのが怖い人は「なんでここまで嫌われるのが怖いのか？」という理由をハッキリと理解することである。

本気で自分に「なんでここまで嫌われるのが怖いのか？」と尋ねたときに、そこにさまざまな自分の心の問題を見つけるにちがいない。

たとえば自分のナルシシズム、甘えの欲求、自己蔑視、自己不在、愛情飢餓感の強さ等々に気がつくにちがいない。

要するに、嫌われるのが怖い人には、自分を守るための心の砦《とりで》がない。

そこに気がつき、それを認めないかぎり「嫌われたくない症候群」から救われる道はない。

ひと口に言って「嫌われたくない症候群」の人は、さびしくて劣等感の深刻な人である。

だれでも好きこのんで嫌われることをしない。だれでも嫌われたくない。

それなのに「嫌われたくない症候群」とあえて言うのは、その嫌われることが怖くて、自分を見失う人がいるからである。

嫌われるのが怖いからどこででも相手に合わせてしまう。あっちでもこっちでも相手に合わせる。その場の雰囲気にすぐに合わせる。

その動機は、他人の好意を得るためであり、それを維持するためである。

「嫌われたくない症候群」の人は周囲への極端な同調性から自己喪失に陥《おちい》る。

だれかが「私はラーメン好き」と言うと、「私も好き」と言う人である。

そして食べても食べた満足感はない。ラーメンを好きではないのだから。

「嫌われたくない症候群」の人には、自分がほんとうに食べたいものがない。

よく自殺などの事件が起きると、周囲の人は「朗《ほが》らかで、明るい、明朗な人」などと言う。そして「あの明るい人がなぜ？」という例の問いが始まる。

その人が周囲の人に合わせていたことに周囲の人は気がついていない。

合わせるのは周囲の世界が脅威に満ちているからである。

また、「あの人は陽気だか陰気だかわからない」などと言われる人もいる。陽気は相手に好かれるためのもの、陰気は本来の自分、そこで自分がバラバラになる。

人生が確実に行き詰まる生き方が一つある。それは、みんなに嫌われないようにすることである。みんなに嫌われないようにするには、つねにみんなの気持ちを害さないように気をつけなければならない。

これを言ったら相手は気分を害すると思えば、そのことは言わない。

これを知りたいが、これを聞いたら、この人は怒るのではないかと思えばこれは質問しない。

しかし言いたいことはそのまま心の中に残るし、聞きたいことはそのまま心の中に残る。

日々不満は積もるばかりである。

不満が積もれば当然、敵意も出てくる。

その敵意も吐き出せない。ケンカができないのだから。

「敵意が抑圧されると、しばしば敵対的衝動の他人への投射がそれに伴う」(Rollo May, The Meaning of Anxiety, W.W.Norton & Company,Inc.,1977/小野泰博訳『不安の人間学』誠信書房、一九六三年、一一五ページ)

つまり周囲の人が自分に敵意を持っていると錯覚しはじめる。それはさまざまな誤解を生む。

相手が好意を持ってしてくれることのなかにさえ、いちいち敵意を感じるかもしれない。

その人とは話したくなくなるのは当たり前である。

人を誤解すればコミュニケーションはできない。長い時間をかけて話していれば、お互いにわかるというものではない。

コミュニケーションができないで、誤解をする人はますます孤立することは避けられない。

しかし本人にしてみれば「自分は、相手のためにこれだけ我慢をした」という気持ちになる。言いたいことも言わず、聞きたいことも聞かずに、相手の気持ちをおもんぱかって我慢に我慢を重ねて過ごしてきたと当人は思う。

それなのにすべてがうまくいかない。物事は予想したとおりにはいかない。相手は期待したように動いてくれない。

褒《ほ》めてくれると思ったら、貶《けな》された。認めてくれると思ったら、冷たくあしらわれた。

遠慮をしたらやさしくしてくれると思って遠慮したら、無視された。遠慮したら謙遜《けんそん》な人と言ってくれることを期待したら、軽くあしらわれた。

嫌われるのが怖いからストレートにものを言えない。そこで仕事は思うようにはかどらない。家庭も仕事もうまくいかなくなる。

頑張っているのに何もかもがうまくいかなければ、気持ちは腐ってくる。

そうなれば近い人々にはますます敵意を持つしかなくなる。敵意を持っても、まだ言いたいことが言えない。聞きたいことが聞けない。それは嫌われるのが怖いから。

そして心身ともに消耗してくる。欲求不満で無気力になる。


嫌われるのが怖いと、トラブルは起きやすい。そして相手を恐れていると、いったんトラブルが起きれば、トラブルはいよいよ深刻になっていく。

みんなに嫌われないためにいい顔をするから、物事は解決しないで複雑になっていく。

「嫌われたくない症候群」の人は、我慢しているのだけれども、物事がうまくいかない。

「嫌われたくない症候群」の人は、自分と周囲とのあいだに厳しい対立をつくらない。しかし周囲の人と気持ちがふれていない。

だから嫌われることを恐れている人よりも、嫌われている人のほうが、よほど真実があるときがある。

人間、だれでも嫌われる。

しかし「アイツは信用できる」というところで、危機を乗り切れる。

こんなに地上にたくさん人がいるのに、なんで同じ人間のしがらみのなかで苦しむのだ。

嫌われるのは怖い。

でも、みんなに好かれても、生きやすくはならない。みんなに好かれたからといって幸せになれるわけではない。「嫌われたくない症候群」の人は、それがわからない。

この本では「嫌われたくない症候群」の人の心理を分析し、それをどう乗り越えるかを考えた。

嫌われるのが怖い人には親しい人がいないのに、嫌われるのが怖くない人には親しい人がいる。

嫌われることを恐れている人よりも、嫌われることを恐れていない人のほうが周囲の人から好かれていることが多いし、信頼されていることが多い。

そのことに、まず気づいてほしい。

だれにでも「いい顔」をしてしまう人

目次

はしがき

第2章　とにかく愛されたい人の心

第3章 「嫌われてもよい」と思えば幸せになれる

第1章

ケンカができない「さびしいピエロ」

1 人とも自分とも心がふれあわない

終わってみたら何も残っていない人生

「嫌われたくない症候群」の人は心がふれあわない。

かつて『マディソン郡の橋』という恋愛小説が大ベストセラーになった。物語は孤独な写真家ロバート・キンケイドが車で旅に出ることから始まる。彼は仕事上のつきあいを除けば、ほとんどだれも知らないし、だれにも知られていないような男であった。

旅に出たロバートは車を運転しながら過去のことを思い出している。

「彼はメリアンのことを考えた。メリアンとは五年間いっしょに暮らしたが、彼女が彼のもとを去ってもう九年になる」

ロバートはメリアンとは五年間いっしょに暮らしている。そして別れたが、それはイザコザがあっての別れではない。

旅から帰ったら置き手紙がしてあって、メリアンはいなかった。そうした別離である。

それなのにロバートはメリアンを追いかけていない。要するに彼はメリアンとふれあって生きていなかったのだろう。

心がふれあって生きていないとは、彼が自分を出して生きていないということである。ありのままの自分を出して五年間いっしょに生きていれば、イザコザがあって別れたのでないなら、あとを追うであろう。メリアンを捜すだろう。

ふつうなら五年間いっしょに暮らしていれば、イザコザの別れでなければ、心が結びついているはずである。「ふつうなら」というのは「心のある人なら」という意味である。

心のない人は学生時代には友だちとつきあっているが、卒業したらその友だちとつきあわなくなる。

これと孤独な写真家ロバート・キンケイドと本質的な部分で同じである。

別れたら、そのまま。

自分を出してつきあっていたら、そうはいかない。自分を出してつきあっていたら、むかしの仲間と会いたくなる。

嫌われるのが怖くて、自分を隠してつきあっていれば、何年いっしょに生活をしても、それは歴史となって積み重なっていかない。

たとえば「イヤだなぁ」と思っても、「イヤだなぁ」と言えない生活なら、あとになって懐かしくはならない。

何か言いたいことがあっても、嫌われるのが怖くて、自分を抑えてしまう、そんな関係なら、別れたらあとを追いかけないだろう。

心がふれあっていれば、嫌《いや》なときには「イヤ」と言える。だからその人が自分にとってかけがえのない人になる。またそうであれば、一日一日が歴史となって積み重なっていく。

そして「イヤ」と言ってぶつかっても、ふれあっていればその感情があとに残らない。ふれあって生きるとはそういうことである。

「嫌われたくない症候群」の人の生活は『マディソン郡の橋』の主人公のような生活である。

終わってみたら何も残っていない人生。

「ありのままの自分」を出すと嫌われそうで怖い

感情鈍麻《どんま》とか感情麻痺などという言葉で表現される心理状態がある。熱い血が流れていない。

そういう人は、小さいころどんなに頑張っても、その努力を、親をはじめ周囲の人から認めてもらえなかった人である。

それなのに、とにかく認められようと頑張りすぎて心理的にボロボロになった。そして豊かな感情を失った。

その後は恐怖感だけで生きてきた。

もちろん何回か恋愛をしたかもしれない。しかし、それは「人を愛する」という性質の恋愛ではない。

恋愛は劇薬である。劇薬は生きるつらさを一瞬忘れさせてくれる。しかし恋人が手に入ったとたん、すぐにすーっと冷めてしまう。

プレイボーイのような人の心を肉体的に表現すれば、劇薬を続けて飲んで肝臓がボロボロになっている体である。劇薬が続いて心身ともに疲れた。

「嫌われたくない症候群」の人のなかには、認められたくて有名大学から大企業へとエリートコースを歩いた人がいる。しかしその過程で血液を抜かれた。

大企業でうつ病になるような人は、恐怖感で血が流れていない。

うつ病になりやすい執着性格者はやはり嫌われるのが怖い。

執着性格者は努力する。そして実力以上の自分を見せようとしている。

執着性格者が実力以上の自分を見せようとするのは、ありのままの自分では人に嫌われるとか、低く評価されるのではないかと恐れているからである。

人に嫌われるのが怖いとか、低く評価されるのが恐ろしいとかいうことで頑張る人は、ものすごいストレスを抱える。つねにストレスにさらされる。緊張して血圧も上がる。

人に嫌われるのがどのくらい怖いかとか、低く評価されるのがどのくらい恐ろしいかとかいうことに、その人の自我の確立の程度がかかっている。

その恐怖と不安が大きければ大きいほど自我は未確立である。

私は若いころ「八風吹けども動ぜず天辺の月」などという格言をノートに書いて、心の動揺を抑えようとしていた。

しかし自我が未確立で、どんなに「八風吹けども動ぜず天辺の月」と自分に言い聞かせても、些細《ささい》なことで心は動揺してしまう。

ひと口で言えば、執着性格者は他者に負けている。他者に飲み込まれている。他者に圧倒されている。

よく、酒は飲んでもよいが飲まれてはいけないと言う。なんとなくわかったような、わからないような言葉である。

その言葉を使わせてもらえば、執着性格者は他人に飲まれているし、自分の職業にも飲まれている。

職場に飲まれている人と、職場を飲んでいる人とでは職場でのストレスは違う。

職場に飲まれている人というのは職場でいつも緊張している人である。職場が脅威に満ちている人である。職場の人から嫌われるのは怖い。職場の人から、いい人と思ってもらわなければいけないと思っている人である。

他人に嫌われるのは怖い。そこでものわかりのよい人を演じる。いい人を演じる。エーリッヒ・フロムの言う神経症的非利己主義になる。

他人に嫌われるのが怖い人は、どこかで自分に失望している。

嫌われるのが怖いから「ほんとうの自分」を隠す。そして心の底で自己嫌悪に陥っている。

恥ずかしがり屋の人は、「ほんとうの自分」を知ったら人は自分を嫌うだろうと思っている。同じように「嫌われたくない症候群」の人も、他人が「ほんとうの自分」を知ったら自分を嫌うだろうと思っている。

「嫌われたくない症候群」の人も、恥ずかしがり屋の人も、執着性格者も、みんな嫌われるのは怖い。

その結果、人とも自分ともふれあうことなく生きている。

2 存在意義を認めてほしいけど……

さびしくて友だちがいっぱいいる「フリ」をする

親しくもない友だちを集めてカラ騒ぎをしている人がいる。躁《そう》状態ではないが、軽躁状態の人である。

肉体的、社会的には大人になっても、心理的に大人になれないピーター・パン症候群と言われる人々も軽躁状態である。

ピーター・パン症候群の人はたくさん友だちがいるようで、じつはほんとうに親しい人はいない。

「嫌われたくない症候群」の人も同じである。

親しい人とは心がふれあった友だちであり、何でも言える友だちであり、いっしょにいても不安な緊張をしない友だちであり、虚勢を張る必要のない友だちであり、いっしょにいて疲れない友だちであり、いっしょにいて居心地のよい友だちである。

「私、友だちがいっぱいいる」と言う人がいる。じつは友だちのいない人である。

このような人は「友だちがいっぱいいる」ことを得意になっている。それはじつは、さびしいからである。さびしくなければ「友だちがいっぱいいる」ことを得意にはならない。

ほんとうに親しい人がいれば友だちは多くはいらない。自己実現を研究したマズローによれば、自己実現している人は少数の親しい人がいるだけである。

「孤独がもたらす精神的外傷は大きい」と『ピーター・パン・シンドローム』の著者ダン・カイリーは言う。重大なことは精神的外傷の結果である。

ピーター・パン症候群（シンドローム）の人は友だちが少なくて自信がないからこそ、「友だちが多いフリをする」（Dan Kiley, Peter Pan Syndrome, Corgi Books, 1984, p.16／小此木啓吾訳『ピーター・パン・シンドローム』祥伝社、一九八四年、一一六ページ）。

そしてカラ騒ぎをする。いろいろな友だちと遊ぶ。そうしてたくさんの友だちとつきあっているのは、さびしいからである。彼らは自分で自分がわからなくなっている。

ピーター・パン症候群の人は友だちの歓心を買おうとして友だちに奢る。奢るのはありのままの自分に自信がないからである。ありのままの自分に自信があれば、不必要に相手に奢ることはない。

「友だちがいっぱいいる」ことを得意になっているピーター・パン症候群の人や、「嫌われたくない症候群」の人は、じつは相手に関心がない。

だからつきあいに疲れている。

彼らは、人間嫌いである。

でも孤独はイヤ。

そこに人がいてほしいけど、いてほしくない。

人間関係で悩んでいる人の手紙にはよく最後に、「ここまで読んでくれてありがとう」と書いてある。嫌われないように気をつかっている。

しかし肝心の、その手紙を読んでくれる人への関心がない。

「こんな内容、相手は興味ないだろう」ということがわかっていない。相手に関心がないから相手の立場に立って考えられない。

友だちがたくさんいる「フリ」をするのと同じように、「私、幸せ」とあえて言う人がいる。そういう人はたいてい幸せではない。

友だちがたくさんいる「フリ」をしている人の人間関係は、セルロイドの人間との関係のようなものである。

火をつければたちまち溶けてしまう。

「このケーキを食べたい」のに、すすめられたものを食べている。

だからいつまでたっても満足しない。そんな人間関係である。

彼らはいいかげんな人に振りまわされる。嫌われるのが怖いと、あるいは逆に、好かれたいという欲があると、いいかげんな人の話に乗ってしまう。

相手はその場かぎりの話をしている。

それなのに最後にうまくいかなくなると落ち込む。

人間関係を築くとは、話し合いができる環境をつくることである。彼らはその時間をかけることができない。


花の咲かない雑草は強い。

大きな花を咲かせる雑草はない。

背丈の長い雑草はない。根を張っているから。

人とのつきあいは「接待」と同じ感覚

愛されないで育った子どもは、だれにでも好かれたい。だれにも嫌われたくないから、八方美人になる。

「専横な母親において直面する（あるいは解釈する）愛情の欠如の結果として、子どもは早くから、誰にでも愛情をもとめる強迫的欲求を発動させ、それは一生残って、彼を不安定にし、他の人々に依存的にする」（Frieda Fromm-Reichmann, Psychoanalysis and Psychotherapy, The University of Chicago Press, 1959／早坂泰次郎訳『人間関係の病理学』誠信書房、一九六三年、三六九ページ）

彼らは依存心が強いから、劣等感にも悩まされる。依存心と劣等感とは相関関係がある。

「嫌われたくない症候群」の症状は心がふれあわないということである。

いま過去を思い出して、あなたはだれに会いたいか。

あの人と会ったら「懐かしいだろうなぁ」と思う人が何人いるか。それがあなたの人生の豊かさである。

一人もいなければ、どんなにエリートコースを歩いていてもそれは貧しい人生である。

多くの人から賞賛を得たり、お祭りで大声で騒いだりしても、「どうしているかなぁ、会いたいなぁ」と思う人がいなければ、それは貧しい人生である。

あなたは虚しさからただ騒いでいただけである。いっしょに騒いでいた人と心がふれあっていなかったのである。

短い時間をいっしょに過ごしても、のちに「会いたいなぁ」と思う人がいれば、その人とは心がふれあっていたのである。その人といた時があなたの生きていた時である。

人は、いま自分がいっしょにいる人と心がふれあっているかどうかがわからない。それはあとになってわかる。

「もう一度会いたい」と思えば、その人とその時に心がふれあっていたのである。

折にふれて思い出す人がいれば、その人とは心がふれあっていたのである。

兄弟ゲンカをしていた子どもが大人になってから仲良く協力して生きているなどということも多い。それに対して小さいころケンカをしなかった兄弟は、大人になってそれぞれ結婚して別々の生活が始まれば、お互いに助け合うということもなくなる。

「嫌われたくない症候群」の人も軽躁状態の患者と同じである。

「軽躁病状態の患者は、心から親しく見える知己を無数にもっている。しかし、もっと綿密にみるならば、彼らはいかなる意味でも友情や親しさの意味では考えられないことがはっきりしてくる。親しさの外見は、軽躁病状態の活発さ、多弁、機智にとむこと、および社会的攻撃性によって提供される。実際には、軽躁病状態患者と、彼のいわゆる友人たちとの間にはコミュニケーションの交換はあまり、あるいはまったくない。彼は比較的にステレオタイプ化した社会的遂行をやりとげつつあるが、それは他人の特性や性格をほとんど、あるいはまったく無視しており、一方、他の人は、自分をもてなし、あるいはごまかすのにまかせておくのがきわめて普通である」（Psychoanalysis and Psychotherapy／『人間関係の病理学』三〇九〜三一〇ページ）

これは「嫌われたくない症候群」の人のつきあいと同じである。「嫌われたくない症候群」の人はみんなに嫌われたくないからケンカをしない。

表面的にはだれとも仲良くする。

しかしステレオタイプのつきあいで、実存的レベルでの深いコミュニケーションはない。

これが「嫌われたくない症候群」の症状である。

怒られるのを恐れる、嫌われるのを恐れる。そこで表面的には仲が良いが、心の深いレベルのコミュニケーションはできていない。

要するに、つきあいは接待である。

たくさん友だちがいるのに、親しい人間関係ができない人がいる。それはその人の心の底に憎しみがあるからである。その人が友だちを嫌いだからである。

自分を安売りして他人に尽くす

「嫌われたくない症候群」の人で能力がある人は、どんどんと自分を安売りしていく。

そしてこれまた軽躁状態の人と同じであるが、「嫌われたくない症候群」の人は自分を安売りしているばかりではなく、いつのまにか自分がほんとうに安いものと思いはじめる。

軽躁状態患者は自分を安売りする過程で、「他の人々に、彼らの能力の欠如をも確信させる」（Psychoanalysis and Psychotherapy／『人間関係の病理学』三二一ページ）というが、軽躁状態患者も「嫌われたくない症候群」の人々も、能力があるのに能力がないと自分が思ってしまう。

属している組織に貢献しているのに貢献していないと思ってしまう。それはずるい人にとって都合のよいことである。

自分の能力を客観的に評価することは社会生活をしていくうえで、きわめて大切である。能力があるのに能力がないと思ってしまうのは危険である。つまり自分の周囲にずるい人ばかりを集めてしまう。

そして何かあると、その人を犠牲にして物事が解決される。

単純にいえば、お金が不足したときに、その人に払わせることで解決する。

その集団のなかで何かもめごとがあると、その人を犠牲にして解決する。その集団で何かを買う。お金がない。その人が払う。しかし、ほかの人々はその人に感謝の念がない。

ある集団である。集団でよく飲み食いをする。そのなかに一人だけ「嫌われたくない症候群」の人がいる。

そしてその「嫌われたくない症候群」の人がいないときには飲み食いはない。

その集団のメンバーはその人のことを陰で何と言っているか。「〇〇銀行が来ない」である。

〇〇銀行という〇〇のところにはその人の名前が入る。つまりその集団の人は、その人の人格を尊敬してつきあっているのではなく、お金があるからつきあっているのである。

それでもその人は、みんなに嫌われたくないからお金を払う。きわめて能力のある人だが、周囲の人はだれもその人を尊重していない。

世俗の世の中では「あの人に言えばお金が出てくる」となれば、トラブルに際してその人にお金を出させて物事を解決しようとする。

ビジネスパーソンであろうと、主婦であろうと、弁護士であろうと、お店の人であろうと、だれであろうと「あの人は、言えばお金を出す」となればその人にお金を払わせる。

何かトラブルがあったときに、ほんとうに筋を通して物事を解決するという人はきわめて少ない。

そしてお金を払えば、その集団の人たちは、その人が自分たちを必要としているとうぬぼれる。大切にするどころか自分たちがいよいよいい気になる。

ここが恐ろしいところである。犠牲を払うとその人が大事にされるかといえば、逆である。周囲の人は、彼が自分たちを必要としていると思うことで傲慢《ごうまん》になる。

人が自分自身を安売りするのは、さびしいからである。そして、いい人と思ってもらいたいからである。

しかし質《たち》の悪い人に対しては、安売りは逆の効果をもたらす。傲慢な人たちは彼らが自分を必要としていると思ってしまう。

安売りする人の周囲に集まっているのは、もともと傲慢な人たちである。

「彼ら自身の安売りは、しばしばこれらの人々が実際に、彼ら自身の天賦《てんぷ》の才や創造的能力の利用を麻痺させるところにまで達する」（Psychoanalysis and Psychotherapy／『人間関係の病理学』三一〇〜三一一ページ）

無理して陽気に振舞い利用されるだけ

その人が自分を安売りするのは、自分を守るためである。そういう人は小さいころからだれも自分を守ってくれなかった。

ある小学校で、ある先生がある子を「あなたは、自分で自分をダメにしている」と叱った。

そして先生は「先生は、あなたを守るために叱ったのだ」と説明をした。

するとその子は心底泣いた。

その子はそのときまでに、ほんとうに守ってくれる人がいない。守ってもらったという体験をしていない。

しかし、なぜかそのときに「この先生は自分を守ってくれるために叱ったのだ」と感じた。

そこでほんとうに守ってくれる人を体験して心底泣いた。

人は自分を守るためにいろいろと無理をする。

ある中学校の修学旅行のときである。宿の布団《ふとん》が足りなかった。

そこに敬子ちゃんという元気な子がいた。

先生は「敬子ちゃんは何でも我慢できるから、元気だから」と言って、敬子ちゃんを布団がないまま敷居に寝かせた。

「なんで私を敷居に寝かせるの？　あんなずるい人たちがいっぱいいるのに」と敬子ちゃんは思った。

先生は敬子ちゃんを「我慢強い」と言って、敬子ちゃんを調子よく利用したのである。

利用した先生は忘れていても、利用された敬子ちゃんは大人になっても覚えている。

その子は家でも同じ役割を強いられた。敬子ちゃんは陽気に振舞って家を守った。陽気さを演じてみんなをまとめる。イヤな雰囲気になりたくないから、陽気に振舞う。

その子は適当におだてられている。大人になってそれがわかって、過去を後悔する。

陽気に振舞うのは陽気だからではない。無理をしている。

ずるい人はそれをしない。

愛情飢餓感の強い人は自分の必要性を放棄してしまう。そして心理的に病んでいく。

さびしい人は、だまされて地獄につれていかれる。

エライ人に取り入るのがうまい人がいる。

それをしない人もいる。それが「必要性を放棄しない」ということである。

人はさびしいから、利用されてしまう。

人は表面しか見ない。陽気に振舞う人を見て、心まで陽気だと思ってしまう。

強い人とは、「表面的なものはいらない」と思える人であり、それを実行できる人である。

3 すすんでだまされる都合のいい道具

騒ぎを穏便に収めるために犠牲になる

「私は真面目に生きてきた。私は必死になって努力してきた。それなのにいいことは何もなかった。ただただつらいだけだった」という人がいる。そして、たしかに善良な人である。

そういうことになってしまうのはどこに原因があるのだろうか？

そういう人はたしかに必死になって努力してきたであろう。しかしいったい「だれのために」努力してきたのか？

嫌われるのが怖くて怯《おび》えている人の周りにはずるい人が集まる。

そしてトラブルが生じる。

しかしその人は、怯えていることで自分が問題をつくったことに気がついていない。

世間はだいたい弱い人を犠牲にしてトラブルを解決する。

あるホテルマンが、予約等々で何か騒ぎがあったときには「譲ってくれる人を犠牲にして解決する」と言っていた。

このホテルマンは自分が解決するつもりはない。

騒ぎを穏便に収めるためには犠牲になる人が必要なのである。

だれかに「譲ってくれ」と言っているときには自分が解決できないときである。

穏便に解決するためには「魔法の杖」が必要である。「穏便に」というが、「穏便に解決すること」はホテルにとって利益になることなのである。

つまり譲る人はホテルの利益のために利用されただけのことである。「ありがとうございました」と頭を下げるうしろで舌を出しているかもしれない。

この「魔法の杖」に使われるのがいわゆる善良な人である。

彼の善良さは、他人にとってはトラブルを解決する道具であった。

なぜ彼はトラブルを解決する道具になったか？

彼は「なぜ私を選んだか」を反省しなければならない。そうでなければまた道具にされる。

それは嫌われるのが怖くて怯えている心の中を見抜かれて、なめられたのである。

そこを反省しないかぎり、また道具に使われる。

あっちでもこっちでも利用されて、だまされてボロボロになっている善良な人のなんと多いことか。

飛んで火にいる夏の虫

Aさんは、「十一時二十分にここを出なければならない」と言った。そこで会議は十一時二十分に終わるようになった。

Aさんは、自分が重要人物であるかのようにカッコをつけただけである。

カッコをつける人は劣等感と憎しみがある。バカにされないようにと思っている。

その場にいたBさんは、「Aさんは活躍をしている忙しい人」と思う。

しかし、その場にいた「嫌われたくない症候群」のZさんはもっと忙しかった。しかしZさんはそれを主張しない。そこでZさんが犠牲になっていることにBさんは気がついていない。

歪《ゆが》んだものの見方は一定の型にはまった見方である。

その歪んだものの見方をする人、僻《ひが》んだ人は、人の言うことを表面的に受け取る。

こういうＡさんやＢさんのような人に合わせていると人間関係がダメになる。

こういう人たちが集まるとトラブルが起きてくる。

ＡさんやＢさんのような人に合わせていると「この人は誠実な人」という人が、周りに集まらなくなる。

Ｚさんは善良な人だが、「嫌われたくない症候群」である。質のいい人が周りに集まらない。

カレン・ホルナイが言うように、自己蔑視の特徴の一つは虐待を許すということである。

自己蔑視している人は他人が自分を虐待することを許す。

親から情緒的虐待を受けた子どもは、大人になってから他人からの虐待も受け入れてしまう。

なぜならその人自身が虐待されることに心の底で同意しているからである。バカにされた扱い、軽視された扱いをされることにその人が心の底で同意している。

自分で自分を軽蔑しているがゆえに、自分を大切に扱ってくれることには逆に違和感がある。

だからこそ質の悪い人に対して献身し、やさしい人をおろそかにしていくのである。

ずうずうしい人のカモに、みずからすすんでなる。自己蔑視している人は「飛んで火にいる夏の虫」である。

不誠実な人間にすすんで利用される。利用されやすくだまされやすい。

嫌われるのが怖い人は、一般的に相手を好きではない。

好きな人といっしょにいれば楽しい。

だれか好きな人がいれば、そんなにいつも「嫌われるのは怖い」などと思ってはいない。

そして好きな人のために何かをしたときには、本人は「犠牲になった」と感じない。周りが犠牲と思うだけで、本人にとっては好きなのだから、それは犠牲ではない。

4 コミュニケーションが苦手な「ことなかれ主義」

ストレートに物事を頼めない

「嫌われたくない症候群」の人はいつも人間関係で犠牲になっているようだが、自分より弱い立場の人がいるとずるい人に変わることが多い。

ある家庭での出来事。父親が会社から疲れて帰ってきた。

お母さんはビールを飲みたい。

お父さんは買いに行かない。お父さんはビールを飲みたいが、いまは疲れていてビールを買いに行くくらいなら飲みたくない。

するとお母さんは「お父さんが飲まないなら私は飲まない」と言った。

お父さんは買いに行かない。お父さんは「僕はいらない」と言った。

それを聞いていた自己蔑視の子どもが、ビールを買いに行った。

そして翌日、子どもは「僕のお父さんは悪いんだよ」と先生に言った。

そうだろうか。

お母さんは「罪悪感をなくして飲みたい」ということである。それなら自分で買いに行けばいい。

お母さんは「買いに行くのはイヤだけども、気持ちよく飲みたい」ということである。「だったらお母さん飲むな」ということである。

ずるさは弱さに敏感である。母親は子どもに買いに行かせるつもりなのである。

それなら子どもに「買ってきて」と頼めばいい。しかし、それも頼まないで「飲みたい」と言う。

これはずるい母親である。

それなのに子どもは「お母さんはかわいそう」と言う。これが自己蔑視した人の発想である。

感情に蓋をして問題解決を遅らせる

ハト型夫婦という言葉が英語にある。お互いにケンカをしない夫婦である。

またカードハウス・カップルという言葉もある。トランプをするときに相手に自分の札を見せない。そうしながらゲームは進行する。

それと同じように心の内を見せないで生活している夫婦である。

「理解し合うためには必要でない」と思う人もいるかもしれない。

けれども、人間関係ではトラブルこそお互いを理解し合うチャンスなのである。

好きではないが、仲良し。それが嫌われるのが怖い人たちの関係である。

そういう人はもちろんケンカを嫌う。

ケンカを嫌うのは、そういう人にエネルギーがないからである。いまの人はエネルギーがない。だから「嫌われたくない症候群」になるのである。

お互いの信頼関係がない人たちは、諍《いさか》いを恐れて、自分が折れることで問題を解決しようとする。

しかしそうした解決の仕方では、問題の本質的な解決にはなっていない。

「嫌われたくない症候群」の人たちはケンカをしないけれども、相手にとっては近づきにくい人たちである。長いあいだにはお互いに話すのが億劫《おつくう》になる。

ケンカをすると感情の器の中が空っぽになる。気持ちがスッキリとする。

「嫌われたくない症候群」の人は「器」の中にいつも何かが残っている。そして器の「蓋《ふた》」をして人とつきあうから、人間関係が重くなる。

「嫌われたくない症候群」の人は、人と会うときにはいつも感情に蓋をして会うことになる。

蓋をする人は両方から得ようとしている。

蓋をしてケンカをしない人は、まず第一に相手が好きでない。次にエネルギーがない。最後にさびしい。

ケンカをしないけれども、困ったときに相手は助けてくれないと彼らも心の底では知っている。

嫌われるのが怖い人は、周囲の人みんなが嫌い。ふつうは、好きなら自分の意見を言う。さびしいときに「来ない？」と誘われれば、相手が嫌いでもついていく。

嫌われるのが怖い人たちのつきあいはこんなつきあいになってしまう。

「自分が悪い」ととりあえず謝ってしまう

あるハト型家族である。

子どもが腕を壁にぶつけた。そして骨折した。でも「気持ちがスッキリする」と子どもは言った。

母親は精神科の医者の前で「私が全部悪いんです」と言う。

母親は言葉では息子を責めていない。

しかし心の底では息子を責めている。明示的に責めていないけれども、黙示的に責めている。

夕食のときには、たまらない空気が流れている。

息子が何か気に入らないことをすると、母親は息子に直接「いけない」と言わないで、「お母さん、このあいだ話したじゃない」という言い方をする。

そして何かトラブルがあると母親は「お母さんが、いけないいんだから」と言う。

母親は、いつも謝っているのだけれども、子どもの気持ちがスッキリとしない。

子どもは「そう言われると、お母さんには何も言えない」と言う。

そして「『もういいか』と思ってしまう」と言う。

子どもは何かわからないけれど、とにかく納得だけはしていない。

そこである先生が「お母さんに、腹立つ？　君はお母さんを責めているの？　お母さん、見て見ぬフリをしたの？　先生の気のせいかな。君は、お母さんを責めているのかな？」

先生からそう言われて、子どもは気持ちがスッキリした。

先生は、その子に「お母さんから、もし、『最近態度が大きいんじゃない？　そう思わない？』と言われたらどう思う？」と聞いた。

すると母親に「ごめんねと言う」と言う。

母親は息子から嫌われるのが怖いから、見て見ぬフリをして「いい母親」を演じる。

息子は、母親に謝られると「もういいかなぁ」と思ってしまう。

相手から謝られると、相手を責められない。

息子は母親から「おまえの、その態度が気に入らない」と言ってもらったほうがスッキリする。

先生が言った。

「太郎君、君はお母さんに怒りを持っているんじゃない？」

そう先生から言われて彼は顔が真っ青になった。

母親のほうは「私がほんとうにいけないんです。私がいたらなくて。愚かな女です」と言う。

先生はその母親に「では愚かな女って、どういうこと？」と聞いた。

母親は何にも言えない。

さらに「なんであなたは悪い女なの？」と聞いた。

また母親は何にも言えない。

母親が悪いのは、子どもが怪我《けが》をしたのに、見て見ぬ「フリ」をする、それでいて「いい親」を演じる。だから悪いのである。

知らない「フリ」は怖い。相手は見ている。

おかしいときには聞く。

聞かないのは子どもを好きではないから。聞かない人はずるい人。

変だと思っても、相手が何も言わない。「あ、いいや」と思うが、そのときに相手は憎しみを抱いた。そのときに借金を背負った。

何かあったとき「このくらいならいいだろう」と思う。しかし人の心は離れている。そのときに関係はゼロになった。

まずいと思っていたことが、うまくいったと思ったら、うまくいっていない。

相手のほうから言わないからうまくいったと思わないこと。相手が言わないということは何でもないことではない。

自分が相手を利用しようと思っている。そこで見て見ぬフリをする。しかしそのとき相手を失っている。

「あわよくばうまくいけばいい」と思っているが、長い目で見れば、うまくいかない。

嫌われるのが怖い人たちの人間関係は言い訳ばかりで実りがない。

「うまくしよう」といい顔をする

子どもが不登校になった。そんなときにペコペコ謝る保護者がいる。

それはどう対処してよいかわからないからである。

ペコペコするのは、「捨てる」覚悟ができていないからである。

母親がもし「この中学校で大きな問題になってもかまわない」と覚悟を決めれば解決に向かう。

修羅場をつくる覚悟を決めれば、トラブルは解決に向かう。

この母親は「うまくしよう」と考えるから、謝る。

しかし物事はうまくいかないのが当たり前。

この母親にはエネルギーはある。

しかし自分ではエネルギーがないと思っている。

そう思ってしまうのは、いろいろなことを「うまくしよう、うまくしよう」とするからである。そういう欲という重い荷物を持って走っているからである。

「あなたさえ幸せならそれでいいの」――この母親の言葉は子どもの成長を妨害する言葉である。

こういう母親は相手の悩みを解決することを考えていない。

自分が原因で子どもが悩んでいる。

そんなときに、この台詞《せりふ》を使う。

母親は子どもから嫌われるのが怖いから、この台詞を使う。

母親は、自分のなかに憎しみがあるから子どもから嫌われるのが怖い。

こういう母親は、子どもを信じていない。

そして子どもに、いい顔をする。

なんでいい顔をするのか？

嫌われるのが怖いから。

嫌われるのが怖い人は、心の中に核がない。

この不登校になった息子の心の中には母親がいない。

また、子どもは母親に不満。だから子どもにはエネルギーがない。

母親のほうは子どもに無関心。

母親は自己不在だから子どもから嫌われるのが怖い。

人は心の中が空虚であればあるほど嫌われるのが怖い。心の中が空虚な人は、好かれることで自分の存在を確認しようとする。


心の中にいろんな感情をため込んだ人はなかなか自立ができない。

それくらい自分の感情を表現するのは、大切なことなのである。

さびしさを埋めるために我慢する

自分のイライラ、自分の満足されていない感情で人に因縁《いんねん》をつけることがケンカと思っている人がいる。

自分のいらだちの感情をぶつけることがケンカと思っている。その考え方は間違っている。

ケンカというのは、もともと関係があって、そのうえで自分の不満を相手にぶつけることである。

ふつう交渉というと、話し合いで自分の主張をいかに通すかである。まとめるためには譲るところは譲る必要がある。

ケンカは感情の交渉ごとといってもよい。

だから、ケンカはコミュニケーションなのである。

心のふれあっている友人関係でないときには、ケンカはたんなる文句である。

心がふれている関係で、どうしてもこれを相手に言いたいというときにコミュニケーションとしてのケンカは起きる。

ふれあった関係が長く続くためには解決しなければならない問題が出てくる。

これを乗り越えなければ、お互いの関係は先に進めないという感情の溝が出てくるときもある。

このことを言ってケンカになっても、ケンカをしなければお互いの溝は深まると感じたときにケンカをする。そして感情を共有できる関係になる。

ケンカの仲直りで関係の幅が広がる。その人の人間としての幅も広がる。

この社会のなかで生きるのに大切なのは、人間の幅。


それをしないと自分は相手にとって便利な人になるだけ。あるいは逆もある。

お互いの関係が、便利な人との関係になると、ケンカはしない。

相手が便利な人だったらケンカはしない。文句を言わない。何かあっても我慢する。

それは我慢したほうが得するからである。


その「得すること」のなかに「さびしくない」ということが入っていると大問題である。

「嫌われたくない症候群」の人には、嫌われないことで何か得することがあるだろうか。

たとえば、さびしいということが回避できるというメリットがあると思うかもしれない。

そのメリットのために我慢をする。

しかしその メリットと「みんなに嫌われたくない」ということからくるデメリットとどちらが大きいだろうか？

また「嫌われたくない症候群」の人がメリットと思っていることは、ほんとうにメリットなのだろうか？

じつはメリットと思っていることは、メリットでも何でもないことのほうが多い。

つまり無意識まで考慮に入れれば、メリットと思っていることはメリットではなくデメリットである。

その瞬間はメリットかもしれないが、長い目で見ればデメリットである。

つまり「さびしいということが回避できるというメリットがある」と思っているのは間違いである。

「みんなに嫌われたくない」という人は、相手の言いなりになることで、無意識の領域でたいへんな代価を払っている。無意識の領域まで入れればケンカをしないことで心の借金はふえている。

たとえば次のような例で考えてみればわかる。

母親からの相談である。

娘が結婚した。しかし娘の夫は覚醒剤で逮捕された。そしていま二人は別居している。

それでも娘は別れたくない。

しかし母親は娘を夫と別れさせたい。でも娘に「別れろ」と言えない。

「もし娘が夫と別れて幸せになれなかったらどうしよう」と母親は恐れている。

母親は、娘が離婚して幸せになれずに娘から恨まれるのが怖い。母親は、娘から嫌われるのが怖い。

娘も、別居しているけれども、夫を忘れられない。いまでも夫を好きである。

いっしょになっても幸せになる保証はない。

母親と娘の二人は「どうしよう、どうしよう」と言っている。

娘は「でも好きなの。でも麻薬は悪いこと」。

この先どうなるか？

二人ともだれからも好かれたい。二人とも愛情飢餓感が強い。

じつは母親は娘の意志で別れさせたい。そこが母親のずるさであり弱さである。

結局、解決できないで、日々不快感が強くなる。

お互いにケンカはしない。でも憂鬱《ゆううつ》になる。
「キルケゴールが憂鬱というものを自己存在の本来性を求める決断を怠った負い目から生じるものとみなしている」(Hubertus Tellenbach, Melancholie, Springer-Verlag, 1961／木村敏訳『メランコリー』みすず書房、一九七八年、二六七ページ)
この母親と娘の二人の憂鬱は二人が自己実現を怠った結果である。

自分を失って生きづらくなる

みんなから嫌われないように努力している。その無理な努力では、さびしいということは決して避けられていない。

意識のうえで避けられていると思っているが、ほんとうは避けられていない。

みんなに嫌われないようにしていても、心の底ではさびしいと感じている。

嫌いな人といても楽しくはないし、仲間といるという感覚もない。

嫌いな人といっしょにいれば、じつは無理な努力をしているから安らぎはない。心もふれていない。

「いっしょにいればさびしくないから」という「メリットと思っていることは、じつはデメリットである」ということの意味は大きい。

つまりデメリットは自分のほんとうの感情を失っていくということである。一人でいるのがさびしいから無理をして人間関係を維持していても、どんどん自分がなくなっていく。

このデメリットは計り知れないほど大きい。

長期的に見れば、自分を失っていくというデメリットをメリットと勘違いしているのだと、「嫌われたくない症候群」の人はハッキリと認識しないといけない。

これを肝に銘じていないから、年月を重ねるにしたがってどんどんと生きづらくなっていくのである。

たとえば憂鬱になるとか、イライラするとか、体調を崩すとかいろいろと症状が出てくる。

「生きることに行き詰まったときには逆が正しい」とは、アメリカの心理学者フィットテイカーの言葉である。

もちろんフィットテイカーは「生きることに行き詰まった」と言っているのではなくデッド・エンドという言葉を使っていた。

「生きることに行き詰まった人」が、やさしい人と思っている人はじつは冷たい人であり、誠実な人と思っていた人は不誠実な人であり、質の悪い人と思っていた人は質のよい人である。

それと同じで、生きることに行き詰まったときには、それまでメリットと思っていたことは、じつはデメリットなのである。

もしあなたが質のよい人と思っている人が、ほんとうに質のよい人であり、メリットがほんとうにメリットなら、生きることがつらくてどうにもならなくなるということはない。

生きることに疲れてしまうのはどこかでこの勘違いがある。

だいたい生きることが行き詰まる場合は一気に行き詰まることは少ない。だんだんと生きづらくなっていく。しだいに消耗していく。だんだんと生きるのが嫌になっていく。

気がついたときには無気力になっている。気がついたらデッド・エンドに来ている。

それはこのデメリットをメリットと思ってしまうようなことを日々くりかえしているからである。

だんだんと「なんだかわからないけれども、いろいろなことがうまくいかなくなっていく」と感じる。

短い期間で考えて都合のよいことは、長期で考えると望ましくないことが多い。

対立を恐れる人は自立していない人

「流れる」と「動く」とは違う。

嫌われるのが怖くて自立できない人は、「流されている」のに「動いている」と錯覚するときがある。

自立していない人は、他人と対立したときに対処する道具を持っていない。

対立を恐れているから、自分がいまどこへ流れていっているかを知らない。

水が流れている。勢いに飲まれれば、どこへ流されるかわからない。

自立していない人は、目先のことしか考えない。対決できない。

トラブルが起きたときに、対決するということは解決するということなのに、その対決を恐れている。

自立していない人にとって、対立とか、対決とかはものすごいエネルギーを消耗する。

対立の場面や対決の場面では必死になって不安な緊張をして、エネルギーを消耗し尽くす。

話し合ったあとはヘトヘトになっている。心身ともに消耗し尽くしている。下痢《げり》をする。嘔吐《おうと》する。何かもの悲しくて落ち込んでいる。

ときには対決する前から息苦しくなっている。

それは小さいころから対決を恐れて生きてきているからである。

うつ病になるような人は、小さいころ家族にとって何か悪いことが起きるとすべて「おまえが悪い」と責められて育ってきたことが多い。

兄弟の失敗までも、その子の責任にされる。

家族にとってその子がいることは都合がよい。

こうして育てられた子どもは、大人になっても失敗やトラブルを恐れる。

育ってきた人間環境を考えれば、いつもビクビクしているのはわかる。

うつ病になるような人が争いや対立などを極端に恐れるのは当然である。

その恐怖感は、恵まれた人間環境で育った人にはなかなか理解できない。

対決を恐れないで生きていれば、ある日ふと「強くなったなあ」と感じることがある。

人はいきなり強くなるということはない。いきなり嫌われるのが怖くなくなるということはない。

しかしつらくても戦っていれば、しだいに嫌われるのが怖くなくなる日が来る。

「あれほど嫌われるのが怖かったのに」と驚く日が必ず来る。

それを信じて戦うことである。

嫌われるのが怖くて、相手に気に入られようと努力しても、対立することがなんとなく不安だという気持ちが消えるわけではない。

それがフロムの言う「服従」の最大の問題点である。

つまり服従によって不安はなくならない。

相手に服従することで人間関係を維持しようとする人はいつか破滅する。支配・服従の関係にあるものは基本的に不安である。

そんなに相手に服従していても見捨てられる不安から免れるわけではない。相手に対する怯えた態度は心の底の見捨てられる不安が現れたものである。

迎合《げいごう》した者はいつも怯えている。相手が上司であれ、親であれ、友人であれ、配偶者であれ、恋人であれ同じことである。自分が心理的に依存する者に人は怯える。

対立が怖い人は相手の意見に反対でも反対と言えない。反対して嫌われたり、見捨てられることが怖いからである。

相手の態度が不愉快でも「やめてくれ」とは言えない。そう言って嫌われたり、見捨てられることが怖いからである。

しかし折れていても自分の不愉快さが消えてなくなるわけではない。

それが不機嫌である。社会的には立派な紳士で、家でいつも不機嫌な人は多い。「嫌われたくない症候群」の人は、表面的に見ると社会性があるように見える。しかしその正体は決して社会性がある人ではない。

彼らは相手に嫌われることが怖いから、不本意ながらも相手の言いなりに動いてしまうだけである。「したくないこと」をしてしまうのも、そうしないと相手から嫌われることが怖いからである。

そしてずるずると相手の言いなりになっていってしまう。言いなりになりつつも心の底では不愉快でたまらない。

なんとなく気が乗らないままずるずると相手に振りまわされてしまうのも、相手から嫌われることが怖いからである。対立することが怖いからである。

自分が自分を信頼していれば、対立を恐れたり、相手から嫌われることを恐れて気のすまないまま相手の言いなりになってしまうということはない。

だからこそ自分を信頼している人どうしのあいだには、真の親密さが生まれる。

「小さな不満」が大きくふくらむ

一人でいることは孤独ではない。

孤独な人は、「その場がよければいい」と感じている人である。そして何よりも「好かれたい」が先に来る。

自立している人は違う。

情緒的に成熟した人は一人でいても安心できる。

情緒的に成熟していない人は、一人でいると安心できない。しかし同時に人といっしょにいても居心地が悪い。

小さいころ信頼できる人がいて、その人といっしょにいて安心して眠れる。そうした安心のときを経て、人は情緒的に成熟した人になれる。

情緒的に成熟してはじめて、今度は一人で安心できるようになる。

情緒的に成熟していない人は、一人でいても居心地が悪いし、人といっしょにいても居心地が悪い。

一人でいると「さびしい」というが、一人であっても自立している人は自立している。

「嫌われたくない症候群」の人はなぜ嫌われるのを恐れて無理をするのか？

それは相手が自分を認めていないからである。

そして、その相手が認めないということが「嫌われたくない症候群」の人にとっては重大なことなのである。

彼らはほんとうに自立していないのに自立しているフリをする。偽《いつわ》りの自己で自立しているると本人も思っていることがある。しかし、やはりさびしいから人に絡《から》む。

ほんとうに自立している人はさびしくても人に絡まない。

世間を気にする人は自立していない。

人は心の葛藤《かっとう》から不安になり、その不安が自立を妨《さまた》げる。

親しいからケンカをしないときと、親しくないからケンカをしないときとある。

ケンカすることがないというのは、ときには友だちではないということである。

人は神様でないから、慣れ親しめば不満は出る。トラブルは起きる。

そのトラブルを解決することで、いままでよりもいっそう親しくなる。

トラブルはコミュニケーションで「あなたの真実を見せてください」と叫んでいるのと同じである。

ケンカはある出来事の解釈の違いから起きる。

おそらく両方が正しい。外国人との結婚を考えればわかる。文化が違うから、トラブルになってもどちらが悪いというわけではない。

正しいことと正しいこととの矛盾である。

正面からぶつかったときには両方に言い分はある。

トラブルの解決において大切なのは頭の理解ではなく、感情の納得である。

頭の理解は危機が去るとふたたび腹が立つ。


「臭いものには蓋」では親しくなれない。嫌われるのが怖い人は、よく見て見ぬフリをする。でも知っている。

そういうつきあいは長続きしない。

たとえば学生時代にそのように無理な努力をして友だちとしてつきあっていても、それでは卒業と同時にその友情は終わりになる。卒業してから会わない。

「一番淋しいのは離婚を決意してその後、同じ屋根の下で生活することである」とある本（Carin Rubenstein, Ph.D. & Philip Shaver, Ph.D., In Search of Intimacy,Delacorte Press,1982）に書いてあったが、そのとおりである。

なぜこうなるのか。それは時間の経過とともに自分の小さな不満がどんどん大きくふくらんでくるからである。

小さな不満のたびに「おもしろくない」「こうしてくれ」という会話が言えていれば、離婚には発展しない。

ふれることができない関係、遠慮の関係はこうした小さな感情、細やかな感情に目がいかない。

不幸な人と不幸な人の関係においてはお互いが同情的になる。そしてお互いに感情の表現をしない。

言いづらいことを言うくらいなら、不本意ながらも自分自身が犠牲になることを選ぶという妻や夫がいる。

妻は内心で怒りながらも、いつも夫の怒りを恐れている。もちろん逆もある。

内心では怒っているのに、実際に相手の前に出ると心ならずも「はい、はい」と言ってしまう。

妻は夫と表面上うまくやっていくために夫の言うことに従順になる。

世の中には何でもいいから「はい、はい」と言っていればいいという妻もいる。「はい、はい」と言っているほうが簡単で、いざこざは少ない。しかしこのような関係が長く続くと、お互いに心が通じ合わなくなる。

表面うまくいっているようであるが、夫婦関係そのものに意味がなくなる。お互いにいっしょにいても楽しくなくなる。

友人どうしであろうと夫婦であろうと親子であろうと、言いたいことが言えてはじめてその関係が意味を持つ。

それは本質的には仕事の関係でも同じである。

お互いに言いたいことが言えないで続いている関係では、仕事でもそれほど長いことうまくはいかない。またその仕事が終われば、それでその関係はおしまいである。

信頼しているからケンカするのだということが、「嫌われたくない症候群」の人には理解できない。

第2章

とにかく愛されたい人の心

1 「あなたが嫌い」と言えない末に

虐待されても「孤立と追放」を恐れる

嫌われるのがなぜそんなに怖いのか？

それは人が「孤立と追放」を恐れているからである。

フロムは人がもっとも恐れるのは「孤立と追放」であると言うが、そのとおりだろう。

一人でいることが怖ければ、子どもは嫌いな人とでも遊ぶ。大人でも、孤独が嫌なら嫌いな人のパーティでも出かける。

人は「孤立と追放」が恐ろしいから、とにかく嫌われたくない。嫌われることは「孤立と追放」につながる可能性があるから。

しかし嫌われたくないから「実際の自分」を偽っていると、しだいに自分が自分を嫌いになる。仲間も嫌いになる。「実際の自分」を偽っていると、最後には自分も仲間も嫌いになる。

「嫌いなら別れればいいだろう」と思う人もいるだろうが、人は嫌いでもくっついているほうを選ぶことが多い。

小さな子どもでも一人で遊ぶよりも嫌いな子といっしょに遊ぶほうを選ぶ。最後にはお互いにボロボロになる。

さきに書いたように、フロムは人がもっとも恐れるのは「孤立と追放」だと言う。人間が正気であるためには、人とかかわりあいを持たなければならない、それは性や生命への欲望にもまして強いものであるとフロムは言う。

集団は個人にとっては本質的な重要性を持っている。

虐待される子どもには虐待する親しかいないから、虐待されても親にしがみついている。「孤立と追放」よりもまだ虐待されるほうがよい。

多くの場合、情緒的に子どもを虐待する親には、虐待される子どもしかいないから、虐待しながらも子どもにしがみついている。こういう親は職場などに親しい友だちはいない。

虐待などの危機階層ではなく平穏な階層でも「孤立と追放」を恐れるから、みな同じことをする。職場でも同調型となり、孤立するリスクを避ける。

しかし、すべての人が同じように「孤立と追放」を恐れるわけではない。「孤立と追放」をもっとも恐れるのは、愛情飢餓感の強い人である。愛情欲求が満たされていれば、それほど「孤立と追放」は恐ろしくはない。

自分がないから「孤立と追放」を恐れて、自分を見失うほど人に迎合する。

一人では生きられないから「孤立と追放」が怖い。悪循環していく。

一人では生きられないから「孤立と追放」を恐れる。一人では生きられないから嫌われるのは怖い。

「孤立と追放」の恐怖と嫌われるのは怖い気持ちが悪循環していく。

自分の力に頼って生きていかれれば、嫌われるのは怖くない。少なくとも自分を見失うほどまでに、嫌われることを恐れない。

敵意に満ちた人間環境

嫌われるのが怖いのは、すでに述べたごとく「孤立と追放」を恐れているからである。

そしてさらにもう一つある。

「嫌われたくない症候群」の人にとっては周囲の世界が敵なのである。

「嫌われたくない症候群」の人にとって周囲の世界は敵意に満ちている。敵意に満ちた世界に身を置けば、だれだって周囲の世界が怖いのは当たり前である。

では、なぜそうなってしまうのか？

自分がない人は、人から好かれることで自分という存在を感じる。自分で自分の価値を認めることができない人は、人に好かれることで自分の価値を感じる。

そこで嫌われたくないから「実際の自分」を偽る。


そして「こうしたら人に気に入られるのではないか」ということについて誤解がある。

私たちは人に気に入られるために、いま持つべき感情があると思っている。そのために、それと矛盾する感情を抑圧する。

相手の好意が欲しいから、好きでないものを「好き」と言う。嬉しくないことを「わぁ、嬉しい」と言う。

相手に気に入られたいから、「したいこと」を「したくない」と言う。そして「したいこと」なのに「しない」と言う。

そうして無理をしているあいだに日々怒りが心の底に堆積《たいせき》していく。本人はそれに気がつかないが、それは敵意となり憎しみとなっていく。

そしてお互いに憎しみで絡み合う。

孤独を恐れて実際の感情を偽ることの恐ろしさである。

はしがきにも書いたように、彼らはその敵意を外化《がいか》する。つまり自分の心の中に敵意があるのに、周囲の人が自分に敵意があると感じる。

自分の心の中にあるものを周囲の人のなかに見ることを外化という。

周囲の人が自分に敵意があると思ったら、嫌われるのは怖い。

「嫌われたくない症候群」の人は、自分の小さいころをふりかえってみてほしい。

やさしい人間環境のなかで成長しただろうか？

おそらく違うはずである。

たとえば自分は「嫌われたくない症候群」であると思ったら、小さいころ、家の人や仲間によくからかわれなかっただろうか？

からかいや冷やかしは敵意である（Harriet B. Braiker, The Disease To Please, McGraw-Hill, 2001, p.151）。

「嫌われたくない症候群」の人は、そうした隠された敵意に満ちた人間環境のなかで成長したのである。

相手を冷やかしておいてよく、「冗談、冗談」と言う人がいる。そういう人は敵意を持っている。

正面から敵意を示す人のほうがよほどいい。冷やかしておいて、敵意を否定する。それはずるい人である。

「嫌われたくない症候群」の人は小さいころから知らず知らずのうちに、敵意に満ちた人間環境のなかで、心に深い傷を負っているのである。

自分の気持ちがわからなくなる

私が訳したマクギニスというカウンセラーの本（Alan Loy McGinnis, The Friendship Factor, Augsburg Publishing House, 1979／加藤諦三訳『フレンドシップ』、フォー・ユー、一九八七年、四三ページ）に「汝自身を人に示せ、そうすれば汝自身を知るだろう」と書かれていた。

そう言われても人はなかなか自分を人に示せるものではない。人に嫌われるのが怖いから、ほんとうの自分を示すことが怖い。

われわれが人に会うとき仮面をつけるもっとも深刻な理由は、拒否されることを恐れるからであるとマクギニスは言っている（The Friendship Factor／『フレンドシップ』三六ページ）。

彼の言葉を待つまでもなく、われわれはみなそれを知っている。

嫌われることや、拒否されることを恐れて自分を隠していると、たしかにほんとうの自分がどんな自分であるか自分にもわからなくなる。

嫌われることや拒否されることを恐れて、相手の意向に従順であるときには、相手に対して自分がどんな感情を持っているか本人にもわからなくなっている。

そして嫌われるのが怖くて、相手に合わせて従順な日々を送るなかで毎日少しずつ相手に対して敵意が蓄積されていく。

ふつうは相手を好きだから拒否されることを恐れる。相手を好きだから嫌われることを恐れる。

しかし「嫌われたくない症候群」の人は、そうではない。嫌われることを恐れているからといって相手を好きだとはかぎらない。

好意を持っているならその人といるときほんとうの自分とふれあい、気が楽に過ごせるはずである。

拒否されることや嫌われることを恐れている者は、他人といっしょにいても居心地が悪い。

なんとなくその人といると疲れるというのは、やはり自分が気がついていない何かが自分の心の中にあるか、あるいは相手が何か心に問題を抱えているからである。

他人への敵意が自分に向けられる

その人が好きなつもりなのだけれども、どこかその人の前で居心地が悪い。その人と関係を持つことになんとなく居心地の悪さを感じる。その人といっしょにいると気楽にできない。

好きなつもりだけれどもその人が怖い。好きなつもりだけれども、その人と視線を合わせるのが難しい。心のどこかでその人を避けている。

その人の前でぎこちなさを感じる。その人に話しかけられるのが嬉しいのだけれども、心のどこかで話しかけられるのを避けている。その人に自分をさらけ出しても安心だという感じがしない。

私たちは、他人から自分を隠しおおせても、それを続ければ最後には真の自己との接触を失う。それゆえに、生きることの喜びも同時に失うのである。

そして嫌われることの恐怖がなくなると、この敵意が表面に現れる。

従順な部下と上司が、やがてうまくいかなくなるというのもこのためだろう。

従順な部下は自分の心の底にある真の感情に気がついていないのである。従順に上司に仕えているとき、まさか自分はこの上司に敵意など持っているということは想像できない。

しかし過度の従順は敵意の反動形成ということもある。

私たちはさまざまな感情を自分が感じることを禁じている。そして自分が実際に感じている感情を意識することを拒否することで、自分が自分を嫌いになる。

しかし逆に私たちは禁じられた感情を体験することで、自分が自分を好きになることができる。

自分が感じている敵意を自分に禁じることで、その敵意は相手ではなく自分に向けられる。

それがいじめの恐ろしさである。

いじめられる人間は何も悪いことをしていないのに、罪悪感を持ってしまう。

いじめられた人は、相手に向けるべき敵意を自分に向けてしまうからである。

ある子が障害のためにいじめられた。クラスの男の子たちに避けられ、バカにされ、校庭では石を投げられ、ひどいときにはバットで殴られ三日間も入院した。

当然、敵意を持ってよい。しかし彼女は、自分はこの世に生きる資格がないのではないかと感じた。

自分は存在してはいけない人間であると自分に罪悪感を持った。

相手に敵意を持たなければ、自分に攻撃性が向いてしまう。

それが何より生きることを恐ろしくしてしまう。

それは生きることの意味を奪う。

それは生きることをつらいものにしてしまう。

それはその人を不安にする。

それゆえにこそまたその人は、だれか自分の周りの人にすがりつかなければならなくなる。さらにそのすがりつく人への気持ちを隠さなければならなくなる。

これが悪循環となり、人は生気を失っていく。

嫌われるのが怖くて、自分を偽ってその人に気に入られようとすれば、ほとんど必ずといっていいほど、その人への憎しみを持つようになる。

少しずつ気がつかないうちに、心の底にものすごい敵意が蓄積されることになる。

カレン・ホルナイが言うように、神経症者は自分に頼って生きていくことができない。神経症者はわけもなく他人から好かれることを求める。

逆に他人が自分を嫌っているのではないか、他人に愛してもらえないのではないか、他人に受け入れてもらえないのではないかと恐れている。

それは一つには自分の心の底に自分が認めていない敵意があるからである。他人が嫌いだから、わけもなく他人から嫌われることを恐れているのである。

また神経症的な人は自分の欠点を非難するだけでなく、自分自身を非難するというのも同じ理由による。

彼らはたえず他人に好印象を与えないと、人に見下されるのではないかと恐れる。

人に見下されることを恐れている者は、その人自身が心のどこかで人を見下してやろうと思っているからである。

自分のなかにある「人を見下そうという感情」が抑圧される。そしてその抑圧された感情が他人に投影される。

自分を他人によく見せようとすること以外に人生の目標がないような人は、おそらく心の底に禁じられた敵意が渦《うず》巻いているにちがいない。

敵意を抑圧するから不安になり、さらに自信を失う。

自信を失うから、嫌われるのがよけい怖くなる。他人に好かれないと不安になる。そして他人に好かれようとして、自分の心の中の敵意を抑圧する。

このような悪循環のなかで、人は生きることがどうもうまくいかなくなる。

満たされていない基本的欲求

「嫌われたくない症候群」の人は、人が嫌い。

「嫌われたくない症候群」の人は、相手に「ノー」と言えない。嫌いな人にも、いい顔をしている。

だからいよいよ人が好きでなくなる。最後には自分も仲間も嫌いになる。

とにかく人が嫌いだし、人が怖い。

嫌われるのは怖いから何でも相手の言うことを聞いてしまう。だから、いよいよ人が怖くなるし、いよいよ嫌いになる。悪循環である。

「嫌われたくない症候群」の心理的特徴は基本的欲求が満たされていないということであ

る。

カレン・ホルナイは、神経症者は他人の注意を求めて、嫌われることを恐れると言う。しかしその人といっしょにいることを楽しめない。

神経症者は人に好かれることが異常なほど重要になってしまい、好かれることに自分の存在価値がかかってしまっている（Karen Horney, The Neurotic Personality of Our Time, W.W.Norton & Company, 1964）。

マズローは動機を欠乏動機と成長動機に分けた。

マズローによると欠乏動機は、それが満たされないと健康を害するもの。その欲求は基本的なもので、人が健康のために満たさなければならない、主体以外の人間によって外部から満たされなければならない。

欠乏動機の人は、人から嫌われたくない。

欠乏動機とは、簡単にいえば基本的欲求が満たされていない人の動機である。

「嫌われたくない症候群」の人は、明るいフリや朗らかなフリをするが、ほんとうに楽しいとか愉快だとか感じることはない。

したがって「嫌われたくない症候群」の人は、まず自分はさびしいのだということを意識すること、そして次に自分は周囲の人に敵意があり、周囲の人が嫌いなのだということを意識することである。

そして「フリ」をやめる。

2 自己実現できなかった自分への裏切り

隠された「ほんとうの自分」

さきに『言いたいことが言えない人』（ＰＨＰ新書）で「恥ずかしがり屋」の人の心理を書いた。

彼らは「相手がほんとうの自分を知ったら相手は自分のことを嫌いになるだろう」と思っている。

そして嫌われるのが怖いから、自分を隠す。そして身構える。防衛的な態度になる。

これらの性格者の防衛機構は従順である。攻撃性などは抑圧される。

嫌われるのは怖いからと、自分を他人に隠せば、いつか自分が自分にふれることもなくなる。自分にも自分がわからなくなる。

そもそも「ほんとうの自分にふれる」とはどういうことだろうか？

それは、不幸なときには「私は不幸だ」と自覚することである。

それが、ほんとうの自分にふれるということである。

そうすれば自分がいま何をすればいいかがわかってくる。

「ほんとうの自分」というと何かすごいことかと思う人がいる。そう思うからほんとうの自分に気がつかない。

たとえば「天職」という。すると何か自分の隠れた才能が発見されて、特技を身につけて……と考える。

ミケランジェロのように絵の才能が見つかると思う人がいる。天職をそのように考えれば、自分探しは失敗する。平凡な職務もまた天職なのである。

しかし、まさにそんな人たちがしばしば内心では「ほんとうの自分を人が知ったらどう思うだろう」と考えているのである。

自信を持ちたければ、自分でほんとうの自分の感情を知ることを禁じてはならない。

「嫌われたくない症候群」の人は、自分の評判が悪くなるのを気にして、ほんとうの自分をだれにも見せることなく終わった過去を反省することである。

周囲の人が「ほんとうの自分」を知ったら自分を嫌いになるだろうと思って、自分の感情を隠した。その隠したことで、周囲の人は「ほんとうの自分」を嫌いになるだろうという考えを強化したのである。

もしそこで自分の感情を出せば、自分は嫌われるとは感じなかった。しかし嫌われると思って隠したそのことで、嫌われると感じてしまったのである。

人は自分の行動で自分の感情をつくっていく。

さびしい人のカラ騒ぎ依存症

嫌われるのが怖くて、仮面をつけて生きてきた人がいる。嫌われないための演技をしながら生きてきた人がいる。

しかしその演技で「自分は嫌われる」という感情を強化してしまったのである。

いつになっても大人になれないピーター・パン人間は、孤独にさいなまれながらも友だちがいるフリをし、自分に疑惑を抱きながら自信があるフリをすると、『ピーター・パン・シンドローム』の著者ダン・カイリーは言う。このことは、第1章で述べたとおりである。

強い人間はさびしいときに孤独を自覚する。友だちがたくさんいる「フリ」をしない。

しかし弱い人間は、さびしいときにかぎって友だちがたくさんいる「フリ」をする。「フリ」をしていると心の傷が癒《いや》されるような気がする。

しかしじつはそういう「フリ」をしたことで、いよいよ友だちのいない自分はダメな自分という感覚を強化してしまうのである。

「幸福を求める叫び声をあげながら、陽気に振る舞う。最悪なのは孤立感に苦しんでいるのに、愛されているフリをすることだ」(Peter Pan Syndrome, p.16／『ピーター・パン・シンドローム』五七ページ)

この愛されている「フリ」こそ、いよいよその人の孤立感を強化していく。

カラ騒ぎをしている人は、たいていさびしい人間である。さびしくてたまらないからカラ騒ぎで心の虚しさを埋めようとする。

しかしそのカラ騒ぎでいっそう心の虚しさは強化されている。だからカラ騒ぎをしている人は、いつもカラ騒ぎをしていないといられないのである。カラ騒ぎ依存症のようなものである。

イベントの好きな人、騒ぎの好きな人は日常生活に満足していない。人とふれて生きていない。

弱くてさびしい人はたいてい、心の通う会話ができない。心がふれあう会話ができないから満足できずに、カラ騒ぎをするのである。

これらの若者はエネルギッシュではない。カラ騒ぎをしているとエネルギッシュに見えるが、そうではない。

弱くてさびしい人間にかぎって「オレはみんなに愛されている」と虚勢を張る。だれにも相手にされていない人間にかぎって自分は重要人物であるという「フリ」をする。

さびしい人間、自信のない人間にかぎって栄光を強迫的に追求する。

弱くてさびしい人間は名誉とカラ騒ぎを必要とする。

これが非抑制的な若者の場合である。

つまりダン・カイリーの言葉を使えばピーター・パン人間である。

「嫌われたくない症候群」の人はどちらかといえば抑制型である。

ピーター・パン症候群も「嫌われたくない症候群」も、嫌われるのは怖い。

自己防衛としての八方美人

「嫌われたくない症候群」の人は、防衛的性格としての明るい性格と、ほんとうの自分の性格の二つの自分で生きてきた。

防衛的性格としての明るい性格の人は、前から見るととても明るく明朗である。しかし、うしろ姿がものすごくさびしい。

うしろから見るのと前から見るのとこれほど違うのかと驚く。見る人が見ると、その違いがわかる。

そしてそのさびしいうしろ姿がその人のほんとうの姿なのである。その人の心の底を表現しているのは、そのさびしいうしろ姿なのである。


心が萎《な》えていると欲に走るか、無気力になる。

心が萎えているときにはリスクを冒《おか》さない。

嫌われるのが怖いのはエネルギーがないから。


フランクルは「真の愛充足の質を体験できない人間に限って、この欠損、内心のこの空虚さを自分の中の単なる衝動満足の量で鈍らせるのが常なのはしごく当然です」（宮本忠雄訳『時代精神の病理学 フランクル著作集3』みすず書房、一九六一年、五五ページ）と述べている。

嫌われるのが怖い人は、八方美人になる。そして愛の体験がない。

嫌われるのが怖いという人は、そのほかのことでもいろいろと悩んでいる。

たとえば他人から見ると、「嫌われたくない症候群」の人は、自分の悩みをたいそうなことのように思っているナルシスト。自意識過剰で自己不在。自己陶酔《とうすい》しながらも自分が嫌い。あるいは他人が成功しているか、失敗しているかなどの他人の動向が気になるが、他人への思いやりはない。

他者意識過剰で他者不在。自分が嫌いだが、他人も嫌い。

求めているものが多いから、嫌なことが多い。

「嫌われたくない症候群」の人は「イヤなことばっかり」と思っている。求めることが多いとどうしてもこうなる。

その結果、自分も他人も嫌いになる。

ある目的を持って動いていれば、「イヤなことばっかり」ではない。

生きる目的がないから、みんなから嫌われたくないと無理をする。嫌われないために無理をすれば、自分が「みんなを嫌い」になる。

要するに「嫌われたくない症候群」は心理的に親から乳離れをして一人前になっていない。

心理的な自立に挫折してもがいている。それがピーター・パン症候群であり、「嫌われたくない症候群」である。

さきにも少しふれたが、ピーター・パン症候群はどちらかというと外向的な若者であり、「嫌われたくない症候群」はどちらかというと内向的な若者である。

「もし人が生産的に生きることに失敗して、自分自身を是認《ぜにん》し得ない際には、他の人からの是認を自分自身のそれに代えなければならない」（Erich Fromm, Man for Himself, Fawcett World Library,Inc.,1967／谷口隆之助、早坂泰次郎訳『人間における自由』東京創元社、一九五五年、一九四ページ）

要するに「嫌われたくない症候群」の人は自己実現に失敗している。心の底に罪悪感がある。

その罪悪感とは自分自身を裏切ったという罪である。非生産的に生きたという罪悪感である。

「非難されることに対する恐れも同様に重要な、無意識の罪悪感の現われである」(Man for Himself／『人間における自由』一九四ページ)

「嫌われたくない症候群」の原因の一つは自己実現を怠ったことであり、自分を裏切って生きてきたことである。

もちろんさらにその奥には、愛されなかった幼児期がある。親から関心を持ってもらうためには、自分を裏切らなければならなかった過去がある。

3 自分でも気づかない恐怖感と憎しみ

行動が認識を歪める

ある三十歳を過ぎた女性が恋をした。若くないと嫌われると思って自分の年齢を隠した。するとと恋愛には年齢が大切だという考え方を強化してしまう。

そして、若くはない自分は好かれないという自己イメージを強化してしまう。

ことに恋愛では危険である。

恋人から嫌われるのが怖いから、自分が弱点と思っていることを隠してしまう。するとその弱点と思っていることが重大なことに思えてくる。隠したことで重要でないことが重要なことに思えてきてしまう。

相手はそのことをなんとも思っていないのに、自分が一人ですごいことにしてしまう。

「こんなことを言ったら嫌われる」と思って、そのことを言わなければ、そのことがもっと嫌われることのように感じ出す。

アメリカの精神科医ジョージ・ウェインバーグは「あなたが何等かの行動をしたとします。すると、そのたびに自分のしたことの動機となった考えを強めています」と『自己創造の原則』（加藤諦三訳、三笠書房、一九八七年）のなかで述べている。

まさにこのとおりである。

熱狂的巨人ファンだって生まれたときから巨人ファンではない。好きだから応援することでファンの心理が強化される。

趣味でも同じである。あることに打ち込めば打ち込むほど好きになる。

恋愛のときばかりではない。劣等感のある人は虚勢を張りがちであるが、虚勢を張ることによって劣等感は強くなる。

防衛的な行動を続けていると自分への失望にいたる。

だから嫌われるのが怖くて、相手に迎合していれば、いよいよ自分が嫌いになる。

嫌われるのが怖くて、迎合したり、お世辞を言ったり、「ほんとうの自分」を隠したりしているうちに、だんだんと嫌われることがものすごいことのように感じ出す。

「ほんとうの自分」はいよいよ嫌われる存在のように感じ出す。

最後にはまるで嫌われたらもう生きていかれないように感じ出す。事実嫌われることをそこまで恐れている人は世の中にたくさんいる。

「説得するための行動は説得者に最大の効果をもたらす」とジョージ・ウェインバーグは言う。

断酒会に入会して断酒に成功する人はどういう人であろうか？　それは入会活動に熱心な人である。

お酒の害を説いているうちに、自分がお酒の害を確信するようになる。

競争社会では、他人の間違いを見つけて非難する人がたくさんいる。非難をすることで、いよいよその人が非難に値すると感じはじめる。

「行動が認識を歪《ゆが》める」とジョージ・ウェインバーグは言う。非難をやめると、人々がやさしく見える。

「人間はその生涯の真の成果を、他人がわれわれのためにしてくれるいっさいのものにもまして、この自己教育に負うている」（ヒルティ）

「自分はバカにされている」

現実についてある情報が与えられると、私たちはその情報にもとづいて行動する。「ある人があなたをバカにしている」という情報が与えられる。

そこで「どうせオレのことをバカにしている」と思って行動していると、そう思えてくる。しかしその情報はウソであることが多い。

世俗の世の中には信じられないほどのエゴイストがいる。彼らもはじめからそこまでエゴイストであったわけではない。エゴイスティックに行動すればするほど、自分の行動が正しいように思えてくる。

そして他人もまたエゴイスティックに行動しているように見えてくる。

私はアメリカのカウンセラーのマクギニスという人の本を訳した。

マクギニスのところに来た患者ブレンダは、背たけは高いし、知的だし、美しい。しかし拒絶を恐れて怯えている。

彼女が内気になっていくプロセスは簡単なことである。友だちのなかで自分だけが踊りに誘われなかった学校時代のダンスパーティの記憶がそうさせている（Alan Loy McGinnis, Confidence,

Augsburg Publishing House,1987／加藤諦三訳『自信こそは』フォー・ユー、一九八八年、二〇〇ページ）。

彼女は「またみんなに相手にされない」という恐怖からダンスパーティに行かない。そのことで「自分は相手にされない」という恐怖感を強化している。

あるお人好しである。

自分の敷地内の工事をするときに、隣人に「やっていいですか？」と許可を取りにいってしまった。

これは人間関係依存症になるような人である。

合法的な工事で隣人の許可などいっさい必要ない。迷惑をかけるから挨拶をするのは常識だろうが、許可は必要ない。

しかしたまたま隣人が搾取《さくしゅ》タイプの人だったので、何でもない問題がトラブルに発展してくる。

そのお人好しは、許可を取りにいったことで、心の中でなんとなく隣人の許可が必要な気持ちになってしまった。

「やっていいですか？」と許可を取りにいかなければ、そんな必要はないと思えた。

しかし許可を取りにいくという態度が、その人の気持ちをつくってしまう。

そして搾取タイプの人は逆に自分に工事の許可を出す権利があると錯覚した。

ジョージ・ウェインバーグは「実際に我々自身の行動が我々自身の見るものを決めている」と言う。

隣人や同僚よりも恐ろしいのはやはり親や上司である。

「権威ある人を恐れて同意するたびに、その人は自信を失っていったに違いありません」(George Weinberg, The Pliant Animal, St.Martin's Press, Inc.,1981／加藤諦三訳『プライアント・アニマル』三笠書房、一九八一年、四〇ページ）とジョージ・ウェインバーグは言う。

親に服従している子どもは真面目で努力家である。多くは才能も豊かである。世間知らずだから何でも相手の言うことを信じる。

ずるい人にとって利用価値がある。いや、親に服従して成長してきた人ほど利用価値のある人はいない。

神経症的非利己主義

その人が恐ろしいのではない。

その人を恐れるから心の中で、その人が恐ろしい人間になってしまう。

日本には翻訳されていないがアメリカに『メンタル・タフネス』という野球の本がある。

その著者は、ほとんどすべてのスポーツに威嚇《いかく》はあると言う。そしてその脅迫や威嚇に怯える人と怯えない人といる。

そして実際に恐ろしい相手か恐ろしくない相手かは別にして、怯えたら肉体的には緊張や心配が増大して競技には負けると言う（Karl Kuehl, John Kuehl, Casey Tefertiller, Mental Toughness, IVAN R.DEE, 2005, p.138）。

これはなにも野球ばかりではない。ビジネスパーソンでも同じである。会議で相手に怯えていれば議論になったときに負けてしまう。

だいたい怯えていれば、会議に出ること自体が憂鬱になる。そして相手の言いなりになってしまう。

「私は脅《おど》されない、脅す側になる」という言葉が『メンタル・タフネス』のなかにあるが、脅す側になるかどうかは別にして「私は脅されない」ことは必要である。そして脅されないための方法としてやはり「脅す側になる」こともときには必要だろう。

ほんとうに苦しくなると、人は自分の苦しさに気がついていない。ほんとうにさびしくなると、人は自分のさびしさに気がついていない。

自分がわかっていないと同時に相手もわかっていない。

いずれにしろ心の中に恐怖感があるから、相手の言いなりになる。しかも、その心の底の恐怖感に本人は気がついていない。

それが無意識の領域にある恐怖感の恐ろしさである。よく「自分の無意識を夢で理解しろ」と言われる。そのとおりである。夢はたいへん貴重な自分理解の資料である。

しかし恐怖感が心の底のそのまた底に抑え込まれている場合には、それは夢にさえ現れない。

親に服従して育った子は心底「嫌われるのが怖い」。何がなんでも「いい人」と思ってもらわなければならない。

なんでそこまで「いい人」と思ってもらわなければならないのか？

それが無意識にある恐怖感である。

人が怖いのである。

じっと黙って抵抗しないで、相手の言いなりになっていれば、なんとか生きていかれる。危害を加えられない。

「嫌われるのは怖い」から「嫌われないようにしなければならない」という強迫性にまでなってしまう。嫌われたってどうということはないのに、理由もなく「嫌われてはいけない」と思ってしまう。

カレン・ホルナイは「強迫的衝動はとくに神経症的なものであって、それは孤立、絶望、恐怖、敵意の感情から生まれる」（Karen Horney, Our Inner Conflicts, W.W.Norton & Company, 1945, pp.12-13）と言う。

そして彼らは満足を求めているのではなく、安全を求めているのだと言う。

まさに「嫌われたくない症候群」の人たちも満足を求めているのではなく、身の安全を求めているのだろう。

さらにカレン・ホルナイは「この強迫的衝動は愛と力を求めるものである」（Our Inner Conflicts, p.13）と言う。

強迫的ということは「そうしないではいられない」ということである。「そうしないと気がすまない」ということである。

強迫的衝動とはそうしないではいられない衝動ということだろう。

カレン・ホルナイは「孤立、絶望、恐怖、敵意」と並べている。この中心は恐怖感であるが、この四つはお互いに深く関連している。

周囲の人は、彼らがなんでそこまで人の言いなりになっているのだかわからない。なんでその人が人のためにそこまでしなければならないのだか、わからない。

しかし恐怖感を持って育った人は、「そうしないではいられない」のである。

フロムは神経症的非利己主義という言葉を使っているが、無意識の恐怖感に動かされている人は、神経症である。

そこまで自分を犠牲にして人のために尽くさなければいられないのは、心の底の恐怖感が原因である。

利己主義的な行動をとると嫌われると思って、自分の利己主義を抑える。

しかし利己主義でない行動をしても、その人が利己主義であることに変わりはない。

ただ嫌われるのが怖いから非利己主義的な行動をしているにすぎない。

「あの人、利己主義よ」とレッテルを貼られるのが怖いのである。

嫌われるのが怖いから非利己主義的な行動をすればするほど、いよいよ利己主義的な行動をすれば嫌われると感じてくる。

その結果、無理が重なり、最後は抑うつ気分にさいなまれるのである。

それをフロムは神経症的非利己主義と言っているのだろう。

ほんとうに非利己主義的な人は、どんなに非利己主義的な行動をしても抑うつ気分になることはない。

おそらくますます元気になるだろう。

自己犠牲にともなう憎しみ

ではどうしたらいいのか？

まず第一に「なんで自分はそこまで人から嫌われるのが怖いのか？」と自分に尋ねてみることである。

自分のする非利己主義的行動は美徳だろうか？

もしその行動が社会的に望ましくても、「その行動をする自分の心の中にあるものは何だろう？」と尋ねてみる。

そしてそこに恐怖感を発見することである。

無意識の領域にある恐怖感を意識化することの意味は計り知れないほど大きい。

「私はなぜこのような行動をするのか？」と反省をして、「私は怖かったのだ」と気がつくことである。

次に「では、この恐怖感がどこから生まれたのか？」と、その源《みなもと》を尋ねる。

そこに恐怖感と共存している憎しみをも見いだすにちがいない。

憎しみは恐怖感と双子の存在である。憎しみと恐怖感は一対の感情である。

恐怖感のある人は憎しみの感情もある。

それは恐怖感から人は自分を犠牲にするからである。そして自分を犠牲にすれば、フロム・ライヒマンの指摘を待つまでもなく、憎しみは出る。

あなたが自分をどう意識しているのであれ、あなたをほんとうに動かしていたものは、無意識にある恐怖感と憎しみだった。

それに気がつくことであなたは生まれ変わる。

「不安回避の消極的方法は、いつも二つの可能性をあるていど犠牲にする。すなわち、自我発展の可能性と、自分の共同社会と相互関係を保ち得る能力を犠牲にしてしまう」（The Meaning of Anxiety／『不安の人間学』一八六ページ）

逃げるのは恐怖感があるからである。自分の心の底の恐怖感から周囲の人を恐ろしい人にしてしまう。

その結果、ノイローゼになる。

自我発展の可能性と、自分の共同社会と相互関係を保ちうる能力を失ってしまうのは、恐怖感があるからである。

「たいへんなことになる」と思うから疲れてしまう

自分の心の底にどのくらい恐怖感があるかのメルクマールは、疲れやすさである。

恐怖感の一つの症状は人と対峙《たいじ》したときに疲れやすいということである。

人と意見が違い、話し合うときにものすごいエネルギーがいる。それは自分の内部の恐怖感と戦っているからである。

恐怖感を心の底に抑えつつ相手と向き合っている。だからエネルギーを消耗し、疲れるのである。

自我発展の可能性が犠牲にされて、社会的に成長してきているからである。

自我が確立されていないから、生身《なまみ》の一人の人間として相手と対峙したときに、自分が頼りない。

その頼りない自分で踏ん張っているからエネルギーが消費される。

恐怖感のある人は、日常生活も疲れる。

恐怖感のある人は、人と対立したときにエネルギーを消耗する。

ハト型夫婦とかいう人々は、対立することができない人々である。対立していないからといってコミュニケーションができているわけではない。

「人生なんとかなるさ」と思って努力している人と、「たいへんなことになる」と思って努力している人では、同じ努力をしていても生きているつらさは天と地の開きがある。

「たいへんなことになる」と思って努力している人には恐怖感がある。

「独立と依存両方の要求が同時に存在することは、神経症では強迫形態をとる」（The Meaning of Anxiety／『不安の人間学』一一四～一一五ページ）

自分が心理的に依存している人と、何かで対立するということは心理的に消耗する。依存している人と感情的にズレができるとエネルギーを消耗する。

しかし日常生活では生身の人間がじかに接すれば、どうしても感情的なズレは生じる。ズレを解決しようとすればエネルギーを消耗する。そこでズレから目を背《そむ》ければ、解決ができないままに鬱憤《うっぷん》がたまる。

たまった鬱憤が人間関係に悪影響を与えることは間違いない。

劣等感に対する過剰な意識

ところで恐怖感は憎しみの感情と一体化し、さらに自分の安全を確保しようとする姿勢につながっていく。これが劣等感である。

つまり人と相対するのに、自分を守るための何か武器が必要である。それが学歴であったり、財産であったりする。

劣等感は「優越性を達成して安全を得ようとの神経症的補償を発展させる」（The Meaning of Anxiety／『不安の人間学』一〇六ページ）。

恐怖感がなければ相手に優越することで自分の安全を確保しようとはしない。

こうして恐怖感、憎しみ、劣等感が渾然《こんぜん》一体となって、その人の神経症的パーソナリティを形成する。

恐怖感から人に優越しようとしたときに、心豊かな生き方を見失う。

優越することでしか、安全を確保できなければ、すべてのエネルギーは優越することに向けられる。

当然のことながらコミュニケーション能力も失われる。優越することばかりにエネルギーが奪われていたら、コミュニケーションができないのは当然である。

「神経症的性格が発達するための重要な要素は、自分の弱点に対する主観的態度である」(The Meaning of Anxiety／『不安の人間学』一〇六ページ)

恐怖感のある人は、自分に弱点があることがどれほど恐ろしいことであるかを小さいころに感じている。

しかし母なるものを持った母親に育てられたような人は、自分に弱点があることを恐れない。弱点があってもそれで母親から責められていないからである。

弱点があることで自分の身が危険にさらされた体験がない。

そこで自分の弱点を自分が受け入れる。

それに対して弱点があることで、小さいころから責めさいなまれてひどい目にあっている人は、弱点に対して過剰補償をする。

こうして神経症的パーソナリティを発達させる。

恐怖感と無力感の悪循環

人はなぜ、ときに自分の能力を超えたことをしようとするのか？

なぜ「理想の自分」と「現実の自分」とが乖離《かいり》するのか？

その原因は恐怖感である。「理想の自分」になることでしか、親から認めてもらえない。親の非現実的なほど高い期待をかなえることでしか、身を守れない。

恐怖感から自分の身を守るためには人に優越することだとなったときに、この乖離が始まる。

それは安全への欲求である。人間の基本的な欲求である。そのための優越である。

「こう優越したい」というのは安全への欲求である。そうなれば「現実の自分」の能力を考慮してはいられない。

安全を得るために「こう優越する」必要があるとなれば、何がなんでもその優越を確保しようとする。

しかし「現実の自分」は、その優越を達成するだけの能力がない。そこに恐怖感が生じる。それが深刻な劣等感である。

深刻な劣等感は恐怖感を土台にしている。

人から非難されない、人から責められない、人から拒絶されない、人から攻撃されない、孤独に苦しめられない、さいなまれない、そのためには「ここまで優越しなければならない」と感じる。

その優越を達成しようとするが、それが自分の能力では無理である。それが「理想の自分」と「現実の自分」の乖離である。

「理想の自分」と言われているものは、そのようになれば恐怖感に苦しまなくて生きていかれるという自分である。

深刻な劣等感に苦しんでいる人は、「理想の自分」を達成できれば、安心して生きられるのではないかと思っている。

彼らは安心するために優越を必要とする。そうした世界には、慰めはない。

「怖い」ということは外からの攻撃に対して、自分は無防備だということである。防衛する力があれば、怖くない。無防備な人ほど怖い。

「嫌われるのが怖い」ということは、嫌われたら自分はどうしてよいかわからないということとである。

嫌われるということが、相手から攻撃されているような気持ちになるのである。

そして自分は相手からの攻撃に対して何にもできないという無力感があり、それが恐怖感につながる。

恐怖感と無力感が悪循環していく。

自分がない人、自分が自分にとって頼りない人は、ときに防衛する力が実際にはあっても、自分には力がないと感じてしまう。

第三者から見て攻撃にさらされてなくても、自分がない人、自分が自分にとって頼りない人は攻撃にさらされていると感じてしまう。

攻撃にさらされているという現実ではなく、恐怖感が、攻撃にさらされているという感じ方をつくってしまう。

そしてそれがものすごいストレスになる。夜も眠れないストレスになる。

現実から逃げるということも同じ心理である。

オーストリアの精神科医ベラン・ウルフが言うように現実は味方なのであるが、現実から逃げると現実は怖くなる。

4 対人恐怖の構造

親とのふれあいがなかった

「嫌われたくない症候群」がもっとも深刻になったのが、対人恐怖症だろう。対人恐怖症者は人から嫌われるのが怖い。


幼児期に親から嫌われることは、だれにとっても怖いにちがいない。

しかし、もし親が人間嫌いだったらどうなるか?

ものすごい人間嫌いでなくても、心の底に敵意や憎しみがあったらどうなるか?

そんな人はべつに珍しくはない。つまり子どもの嫌いな親は珍しくない。

そのような人間嫌いな親の子どもは、間違いなく嫌われている。

もっと簡単にいえば、自分を嫌いな親は子どもを嫌いである。この世の中には心の底で自分を嫌いな人はたくさんいる。

親がどのような演技をしても、子どもは親の無意識に反応する。

子どもは自分が嫌われているということを間違いなく感じ取る。そうしたら親が怖い。生きているのが怖い。

そして「なぜ嫌われたか」という原因を「私はダメな人間だから」と解釈するだろう。

そして嫌われないためには、いつも「いい人」でいなければならないと信じる。そして「完全な自分」を演じなければならないと思い出す。

その子どもが大人になっても、「ほんとうの自分」は嫌われる存在だという意識はぬぐえないだろう。

大人になって周囲の人の種類は変わった。人間環境が変わった。

それでもその人の意識は変わらない。したがって嫌われていなくても「私は嫌われている」と思う。

そうしたら大人になっても「ほんとうの自分」を人に隠しはじめる。仮面をかぶって嫌われないように無理をする。

しかし「ほんとうの自分」を隠せば隠すほど、「ほんとうの自分」は嫌われる存在だという気持ちは強化されていく。

子どもが素直に育つには、いつでもどこでも親にふれることができる必要がある。親から嫌われていると感じている子どもは、親とのふれあい方がわからない。親と心がふれるという体験がない。

親のほうも、子どもに無関心だったら、子どもとのふれあい方がわからない。


親が深刻な劣等感に悩まされている。親は「カエルは立派だが、トンボは卑《いや》しい」という価値観を持っている。そして親自身は心の底のまた底では卑しいトンボなのである。

その深刻な劣等感を子どもに威張ることで癒そうとしている。そうするとどうなるか？

子どもからすれば、自分の親はカエルなのだから「私はカエルの子」である。しかし親は子どもに威張ることで心の傷を癒そうとする。だから子どもは親から「おまえは卑しいトンボだ」と貶される。

つまり子どもからすると、自分はカエルの子どもなのにトンボの世界で生きていることになる。

こういえば奇妙なことだと思うにちがいない。

しかし世俗の世の中にはこのようなことがよくある。父親と母親は自分たちがトンボなのに、子どもには親をカエルと思わせている。

そして「イヤだね、この子はトンボになってしまって」と子どもを貶す。子どもは劣等感に苦しみ、自分はカエルになろうと無理をする。ノイローゼになる。

三人とも自分を嫌いになり、相手も嫌いになる。

三人が自分たちはみんなトンボだとわかれば、心がふれあって生きられる。

こうして育った子どもの孤独感は深刻である。心の中のさびしさは計り知れない。しかもこの子どもは自分のさびしさに気がついていない。

フロムの言うこの無意識のさびしさこそ、この子の一生を支配してしまう。

非生産的生き方になり受容的構えの人になってしまうのも、つまりいつも不満なのも、人に対する恐怖感に苦しめられつづけるのも、嫌われるのが怖くて八方美人になり、人に利用されつづけるのも、原点はこのさびしさである。

生涯苦しみつづけ、悩みつづけることの原点はこの無意識の領域にある、計り知れないさびしさである。

母親との関係で学ぶもっとも大切なことは、自分は自分だから母親に愛されているのだという感覚である。優れているから愛されているのではない、自分だから愛されているのだという感覚である。

人から愛されるためには優れている必要はないのだと感じる。その感覚があるから対人恐怖症にはならない。

母親との心のふれあいは、巨万の富に勝《まさ》るものを子どもに与える。

自分をよく印象づけたいがために

自分が嫌われている、あるいは認められていないと思っている人と、自分は受け入れられている、自分は認められていると思っている人では、物事の受け取り方が違う。

たとえば成功とか失敗の意味が違う。

自分は認められていないと思っている人にとって、成功とは評価されることである。心理的に健康な人にとっては自分の心が満足することである。

同じように山に登ろうとしていても心は違う。心理的に健康な人は、自分の力にあった山に登ろうとするが、自分は認められていないと思っている人はエベレストに登ろうとする。

自分の力にあった山に登る人は自分を知っている人である。

対人恐怖症の人は「理想の自分」を演じようとすると言われるが、そうした人たちは「実際の自分」を知らない。

「実際の自分」を知らないし、何よりも無意識の領域にあるさびしさに気がついていない。自分の感情や行動を規定している心の底のさびしさに気がついていない。

対人恐怖症の人は、つねに他人に自分をよく印象づけようとしている。嫌われたら自分の存在価値がなくなる。

他人に自分をよく印象づけようと努力すればするほど、自分はありのままでは価値がないという感じ方を強めてしまう。

そして自分をよく印象づけることに失敗しやしないかといつも不安である。いつも心配している。いつも怯えている。

そこで虚勢を張ったり、迎合したりする。自然な態度で人と接することができない。現実の自分で生きていない。

心の底で「ほんとうの自分」が嫌われる存在だと思えば思うほど、必死で他人に自分をよく印象づけようとする。とにかく嫌われるのは怖い。

こうした人々は現実に生きていない。必死で他人に自分をよく印象づけようとしているときは「実際の自分」で生きているのではない。

ありのままの自分で人と接しているときだけが現実である。あとは仮想現実。

悩んでいる人と話していると、自分の現実を話していない。

斜《しゃ》に構えた人々の言っていることを翻訳すると、「オレ、現実で生きていないもの」と言っていることになる場合がほとんどである。


預金通帳に意外なお金が入っていた。その一万円で「得した」と思って嬉しい。「この一万円で果物を買おう」と思って喜ぶ。それが現実を生きていること。

一〇〇万円を持ってエネルギーがなくて悩んでいるよりも、一万円で喜んでいることが現実を生きていること。

定年退職した人が「定年後の仕事は屋台でよい」と言う。それは現実を生きていることではない。

「私は屋台がよい」という気持ちがあってはじめて現実を生きている。

「かわいそう」と言われたい

対人恐怖症の人は心の中に怒りを持っている。

その怒りを外化して、周囲の人が自分に怒っているように思いこむ。そして勝手に周囲に怯える。

対人恐怖症の人は、極端にいうと相手が襲ってくると思っている。

彼らは自分の敵意を他人への敵意に外化する。そして自分は他人から悪く思われているのではないかと恐れる。

それだけにまたよく思われなければと思う。

嫌われてもどうということはないのに、現実を生きていないと、嫌われたら生きていかれないように思えてくる。

嫌われても何も困らないのに、周囲の人たちの好意にしがみつく。その人たちから嫌われたら、もう生きていくことができないと思いこんでいるからである。

そこでいつも嫌われやしないかとビクビクしている。人間の思いこみの恐ろしさである。

自分が対人恐怖症だと思う人は、まず「嫌われても、困ることなど何もない」と自分に何度も言い聞かせることである。

そして嫌われたら困ると思うことを紙に書いてみる。すると書くことが何もないことに気がつくだろう。

あなたは何もビクビクする必要などないのに、いつもビクビクしていたのである。


対人恐怖症の人は相手が無愛想だと怖い。

彼らは聞いてくれることが嬉しい。小さいころ親が自分の言うことに関心を持ってくれなかったから。小さいころ親が自分の心の悲しい叫びに反応してくれなかったから。小さいころからさびしかったから。

対人恐怖症の人は、いつも人を恐れて近づかないでいるというのではない。特徴は人間関係の距離感がないことである。

見ず知らずの人なのに、いきなり「ねー、先生」と言ってくる。人間関係の距離感がない。

見ず知らずの人に手紙を書くのに、いきなり「ねー、先生」と書いてくる。

自分はいま、悩んで、会ったことのない人に手紙を書いているという自分の位置づけができていない。

孤独感が強いから、人が「かわいそうー」と言ってくれることが嬉しい。

さびしいから、だれであっても「そうだったのー、つらかったのねー」と言ってくれるのが嬉しい。

なぜ人間関係の距離感がわからないのか

対人恐怖症の人は、他人を前にして「完璧な人間」を演じようとする。「理想の自分」を演じようとする。

しかし、もともと人間関係の距離感がわかっていないから、その「理想の自分」がそのときの周囲の状況とズレる。

わかりやすくするために極端な例で説明すると次のようになる。

自分が怖くないからといって、「まむし」を持って花屋さんの店先に来てしまう。

自分は大蛇が怖くなければ、得意になって人前に大蛇を持ってくる。

相手が怖いということがわからない。

そして「どうだ、すごいだろう」と威張る。相手の気持ちは視野に入っていない。

葬式で金色の草履《ぞうり》を履《は》いて「どうだ、すごいだろう」と言ってしまう。

そうなれば、相手も対人恐怖症の人が恐怖である。

ラーメン屋に行って、得意になって「ジャジャジャジャーン！」と言ってナイフとフォークを出すような人である。

よく悩んでいる人に対して「自分を出しなさい」というようなアドバイスがある。

しかし対人恐怖症の人は、「自分を出す」というと周囲の人と違和感のある出し方をする。「理想の自分」を演じようとするのだが、得意になることのポイントが違う。無理して、自分がカッコいいと思うことをしている。

全体のバランスがわかっていない。集団のなかでの自分の位置がわかっていない。

それは対人恐怖症の人は周囲に関心がないからである。

関心があれば、距離感もわかる。女性恐怖症の男性が、いきなり路上で女性をホテルに誘うのは、相手の女性に関心がないからである。

自分が喪主《もしゅ》でもないし、きわめて近い血縁者でもないのに、火葬場の中心にいて大きな声でお坊さんと話している。

一人で得意になっているが、周囲の人は「常識がない」と思っている。

自分がトンボとわかってはじめて、周囲の人がどういう人だかわかる。トンボなのにカエルを演じるから周囲がわからなくなる。

自分がわかれば「私はこういう人間よ」と言って、その看板を持ってどこでも行ける。

悩んでいる人々の手紙のように「私は常識がわかりません」と言えば、あとは何でもしてしまう。

人間関係の距離感がわからないということは、社会生活をしていくのに、何がなんだかわけがわからなくなっているということである。

たとえば家に強盗が入る。そこで強盗に殺されないように複雑な心境で食事をつくる。強盗が「おいしい」と言う。すると嬉しい。心の底でさびしいから。

相手がだれだかもわかっていないし、自分が何をしているかもわかっていない。

ところが子どもが対人恐怖症になるような場合には、逆に親のほうが夜中に侵入してきた強盗のようなものである。

夜中の強盗が自分の食事をつくってくれる。恐怖の人が食事をつくる。食べなければ怖い。

夜中の強盗が食事をつくってくれた。怖くて味がわからない。

こうした生活のなかでは、人との距離感がわからなくなるのは当たり前である。強盗は怖いとか、恐ろしいとかいうことではなくなる。

「こうだからこうだ」という、物事の連関関係が理解できなくなる。

つまり、何がなんだかわけがわからなくなってしまう。

関係のない人をいきなりにらむ人がいる。自己をなくしている人である。

情緒的に虐待を受けて育っているのだろう。

欠点にこだわる完全主義

劣等感の強い人は、自分の欠点にこだわる。

あるいは欠点に逆にこだわる人が劣等感の強い人といったほうがいいかもしれない。

そして自分がその欠点にこだわることで、その欠点をものすごいことに感じはじめる。

いずれにしても欠点があること自体が問題なのではなく、欠点にこだわることが問題なのである。

では、なぜそんなに欠点にこだわるのだろうか。

それは、愛されるためには欠点があってはならないと思いこんでいるからである。

「欠点があっても愛される」、そう感じたときに、人はありのままの自分で生きられる。スーパーマン願望から解放される。

対人恐怖症の人も、自分の欠点と思っていることにこだわる。赤面する自分をふがいないと思う。そして赤面する自分に自分の注意が囚《とら》われてしまう。

ふつうの人は赤面してもそのことをそんな重大事に考えない。だから赤面する自分に自分の注意が囚われない。

やはり自分の欠点に囚われる人は完全主義の人なのだろう。つまり、ふつうの人はその状態をそんなにこだわるほどの欠点とは思わないのである。

完全主義とは他人に対して自分が完全に映ろうということである。

完全でないとバカにされると思っている。完全でないと嫌われると思っている。完全でないと拒否されると思っている。完全でないと尊敬されないと思っている。

その感じ方は小さいころは正しかった。親がノイローゼで、子どもに理想の人間を求めたのだから。

そうした人間環境で育って大人になると、その完全がさきに述べたようにどこか「ズレている」のである。

他人が自分に対して完全でないのに、どうして自分は他人に対して完全でなければならないのか。

他人と自分とが同じ人間になっていないのである。それはもともと「ほんとうの自分」は嫌われる存在と思っているからである。

それは人間嫌いな人のなかで育ったことの悲劇だろう。

おそらく小さいころの支配的人間に対する服従・依存の関係が、心の底にこびりついてしまっているのだろう。

自意識過剰ゆえの赤面恐怖

もう一つ、赤面恐怖症の人には特徴がある。

それは赤面すると、みんなが自分の赤面に注意を払っていると思っていることである。自分が周囲の人から注目されていると思っている。

ふつうの人は、赤面しても周囲の人が自分の赤面にそれほど特別の注意を払っているとは思わない。

「表情恐怖とは、対人関係場面でその場にふさわしい自然な表情にならないことを怖れる状態」（内沼幸雄『対人恐怖の人間学』弘文堂、一九七七年、六三ページ）である。

彼には「その場」がわからない。その場をわきまえていない。そこで顔がこわばる。

対人恐怖症の人は向こうから顔見知りの人が来ると避けるという。あるいはどういう顔をしようかと考える。かえって知らん顔をする。

クラスメイトが道の向こうから歩いてくる。このようなことがよくある。

ところが知らん顔をする学生がけっこう多い。そういう学生は知らん顔をしながらどう思われたか気にする。自信のないときには判断力もない。

女性の顔見知りどうしだったらどうなるか。

もし正装していれば逃げないだろう。知らん顔をしないだろう。

「今日はこんな格好をしているから」と思うから逃げる。自分が晴れがましい気持ちのときには会う。

つまり対人恐怖症の人は、自分が見せたいものがない。

つまりコミュニケーションの訓練ができていないのである。どんな言葉を交わすかがわからないということは、相手に対する関心がないということである。

「お元気でしたか?」でいい。

しかし「お元気でしたか?」という簡単な言葉でも、考えてみれば相手に対する関心がなければ浮かんでこない。

相手に会って「いい顔」をしていると思えば、「お元気そうですね」である。

しかし相手を見ていなければ、「元気そうな顔」か「つらそうな顔」かがわからない。

マンションで管理人のおじさんに会ったときに、何を言っていいかわからないという人もいる。

「いつもありがとうございます」でいいのである。

しかし「いつもありがとう」という気持ちがなければ、「いつもありがとう」という言葉は出てこないかもしれない。

「何を言っていいかわからない」という人は、親子のあいだに会話がなかったのではないだろうか。

親子のあいだでコミュニケーションの訓練がふつうはできてくるだろう。

たとえば親が「寒いからこれを着なさい」と言う。それに対して、いつも「はい」としか言えない「いい子」はコミュニケーションの訓練ができないだろう。

「いいよ、着なくても」と言える子どもがコミュニケーションの訓練ができる。

それに対して親は「そんなことないでしょ」と言う。そういう言葉のやりとりのなかでコミュニケーションの仕方が訓練されていくのである。

それを「こうしてはいけません」と言われれば「はい」としか答えることを許されなかった子どももいる。そうして育てば、大人になったときにも「はい」とか「わかりました」しか対応できなくなっている。

大人になっても他人に親と対応したときと同じような対応しかできない。

「はい」と言わなければ嫌われると思っている。バカにされると思っている。

「いいよ、着なくても」と言ったら叱られると思っている。母親から嫌われてしまうと思っている。

バカにされたり、嫌われたりするのがイヤだから「はい」と言う。

「女性恐怖に深刻に悩みながら見ず知らずの女性をお茶に誘って平然としていられるドン・

ファンとなると、その矛盾に驚かされる」（『対人恐怖の人間学』六五ページ）

それは「お茶に誘う」という目的があるからである。対人恐怖症の人は目的なしの会話ができない。

対人恐怖症者のやることをまともに受け取ってはならない。「小心ではいけない」と思っている。

ところが気後《きおく》れするほうが自然ということがある。対人恐怖症者にはそれがない。のびのびとするのと傲慢《ごうまん》とは違うのだが、そこらへんが彼らにはわかっていない。

「近所の人と会うのがイヤ」ということもある。そこで近所の奥さんに会わないように買物の時間を選ぶこともある。

しかし、この場合でも元気なら会える。

エネルギーがあれば気にならない。エネルギーがないときにこうなる。

人が自意識過剰になるのは、エネルギーのないときである。

カバが草を食べている。そしてこの三日間は食べるものがない。そして「オレはカバだー」と言うエネルギーがない。

そんなときカバはウサギを気にする。魚を気にしない。

本能ではなく頭で動く

対人恐怖症者は「道で近所の人に出会う際に、どのような挨拶の言葉をかわしたらいいのか、その時どういう表情をしたものか……そう思っているうちに、ついつい挨拶しそびれて、後でまた、くよくよと考え込む」（『対人恐怖の人間学』六八ページ）。

しかし尊敬していれば「挨拶しよう」となるだろう。

またエネルギーのあるときには「あんたなんか、どう思っても平気」という気持ちにもなれる。

エネルギーがないときには放っておいてほしい、見ないでほしい。

対人恐怖症者は本能で動いていない。頭で動いている。

そこで友だちに「鉛筆貸して」と言えない。

頭で動いている対人恐怖症者はその場で動くことができない。

したがってタイミングがうまくいかない。

言おうか言うまいか考えている、しようかしまいか考えている、そのうち、そのことが終わっていく。

自意識過剰なのである。何事もうまくやろうとしすぎる。

喝采《かっさい》されるようなことを言わなければならないと思うから、言おうか言うまいか考えているうちに、その話題が過ぎていくのである。

現実のなかで動いていれば、言おうか言うまいか迷わない。

奢られる場面でも同じである。「奢らないとケチに思われるし、気前よく奢れば逆に奢りが驕《おご》りに変って相手の顔を潰しかねず……割り勘にするのも水くさいし」（『対人恐怖の人間学』七一ページ）。

レジでお金を払おうか払うまいか迷っているうちに過ぎていく。「お茶を飲んでいる間も店を出る時のことを考え」（『対人恐怖の人間学』七一ページ）ている。

この場合も対人恐怖症者は要するにケチでもある。ケチならケチでよいのだが、それを相手からケチではなくよく思われようとするから、くよくよ迷うことになる。

もしお茶を飲んでいる相手が親のときにはこのように考えないだろう。

この人は自分をどう思うかと気にするから迷うのである。

どうしてそこまで迷うかというと、払ったほうが嫌われるのか、払わないほうが嫌われるのかわからないからである。

とにかく人から気に入られたい。しかし気に入られるためにはどうすればよいかわからない。

相手の家の前まで行くのだが、ノックの仕方を知らない。

自分という不愉快な存在

対人恐怖症者は、自分がないから人が怖い。いつもビクビクして不安な緊張をしている。そして疲れる。

一〇〇〇人の人の前で歌える歌手が三、四人の人との談話ができない。役割がはずれるとダメ。

対人不安、対人緊張、その随伴《ずいはん》症状として、震え、赤面等々がある。

視線恐怖の人は幼児期から見つめられたことがないのだろう。

赤面恐怖症の人とふつうの人との違いは赤面という事実ではない。事実は同じである。赤面恐怖症の人は赤面を恥辱《ちじょく》と感じるが、ふつうの人は赤面してもそれを無念と思わない。赤面という体験をむしろ自然なことと感じているが、赤面恐怖症の人は、赤面を恥辱と解釈する。

「ありのままの自分」という存在を恥じているから赤面を恥辱と感じるのである。

お寿司屋さんで対人恐怖症の人がいる。お寿司を握るのが仕事だから、べつに愛想をふりまく必要はない。

しかし対人恐怖症の人でお客さんの前で表情がこわばるという人がいる。そしてそのこわばった表情がお客さんに不快感を与えると思いこんでいる。

女性に恐怖を感じると自称するある女性は「幼稚園、小学校、中学校、高校、大学と周りの環境が変わっても、私は人に嫌われ、悪口や陰口ばかりを言われる人間です」と言う。事実は違う。

ある視線恐怖症の大学生は「クラスの人が自分を変な目で見るようになり、いたたまれなくなりました」と言う。

しかしクラスの人はべつに変な目でその人を見てはいない。その人がそう思いこんでいるだけである。

そして便秘になり、嘔吐《おうと》をくりかえすようになる。勉強は手につかない。

そうしているうちに人の視線に怯え、人の顔をまともに見ることができなくなった。

そして自分が人にとって不快な存在だと感じるようになった。

道を歩いていて向こうから人が来ると、変な目で見て、自分を避けるようにして自分から遠ざかっていくと感じる。

電車のなかでも人が自分の側《そば》から、イヤなものでも見るようにして、離れていく。それがときどきではなく、いつもなのである。

なぜ、そのように感じてしまうのか？　それは自分が自分にとって不愉快な存在だからである。

対人恐怖症者は嫌われることを恐れて「理想の自分」を演じようとする。「理想の自分」であれば嫌われないと思っている。

しかし「理想の自分」はあくまでも「理想の自分」である。

理想を現実化しようとするが、それは無理である。そこで「理想の自分」になれない現実の自分を憎む。

対人恐怖症の人からもらう手紙を読んでいると、どの人も、人のために何かをしていない。小さいころから人を助けたことがない。

いつも自分を守ることしか考えていない。

周囲から見ると「幼児的」

完全な人間でありたいという願望。自分に対する非現実的な期待。

これらのことに囚われていて、人のために自分は何ができるかを考えることがない。

人並みでは満足できないのは、それだけ劣等感が深刻だということである。

完全であれば、人から尊敬されると思っている。完全であれば、人から愛されると思っている。完全であれば、人から嫌われないと思っている。

人は幼児的願望が満たされていないと、どうしても理想の人を演じようと無理をしてしまう。

そして本人は理想の人を演じているつもりでも、周囲の人から見ると幼児と変わりない幼さを演じているように見える。

彼らには月日の積み重ねがない。今日をよく演じることを考える。二十年間つきあっていても、二十年間という意識がない。

心理的に健康な人なら「この人はこういう性格だ、だからこうつきあっていこう」という面が出てくる。そこで「とにかく自分を理想の人に見せよう」とする無理な努力がなくなる。

人は、関係のなかでは「実際の自分」を出していいし、それで親しくなる。ふつうの人は、親しくなることが第一で、立派な人を演じることが第一ではない。

「確かに対人恐怖症者では、相手によい印象を与えるか否かによって自己の存在価値がはかられている面が目立っている」(『対人恐怖の人間学』一三一ページ)

そして心のどこかで「自分は人によい印象を与えなければならない」と感じている。

なぜか自分は立派な人でなければならないと感じている。「理想の自分」を自分に求めれば求めるほど、自分の弱点が許せなくなる。弱点はあってはならないと感じる。

「理想の自分」を自分に要求すればするほど人の批判が堪《こた》える。対人恐怖症の人が他人は自分をどう思っているかを気にするのは、このためである。

自分はべつに「理想の自分」でなくてもよい、「実際の自分」でよいと感じるようになれば、人の批判に対してそれほど動揺しなくなる。

自分は立派な人でなければならないと感じていればいるほど、人の批判で深く傷つき、心は動揺する。

たんに弱点を指摘されただけで批判されたと感じてしまう。

相手がその人を批判する気持ちがなくて、ただ弱点を指摘するということはある。しかし対人恐怖症の人は、その事実の指摘に心が深く傷つく。批判されたと感じるからである。そして、まるで自分はダメな人間であるとさえ感じてしまう。

弱点があっても受け入れられたという体験がないからである。弱点を持っている「この自分」が愛されているという感覚を体験したことがない。

本音を出さない告白癖

対人恐怖症の多弁や告白癖は贈与の愛の別の現れ方と見ることができるという（『対人恐怖の人間学』一三五ページ）。

多弁は自分の居場所がないからである。

ふつうは自分の居場所をつくるのには努力する。

対人恐怖症者は努力しないで居場所をつくろうとするから多弁、告白癖になる。彼らは努力しないで人に自分を認めさせようとしている。

告白癖は胸襟《きょうきん》を開くというのとは違う。自分がそのままで相手に価値あると感じられないから告白することで気を引こうとしている。

多弁、告白癖などの人たちは、相手を楽しくさせるためにそうしているのではない。その場を引っかきまわす。

「私ってこんな人間だからよろしくね」と騒ぐ。

「私ってこんな貧乏なのー」と多弁になる。

それは相手に恥をかかせないために多弁になるのではなく、自分の怠惰《たいだ》、手抜きを隠すために多弁になっている。

「私ってこんな人間だからよろしくね」という姿勢である。親しさと信頼を築く気持ちが薄い。

人が遊びにきたときに壊れたお茶碗でお茶を出して「私って、こんな人、ごめんなさい」と言う。

これは、ふだんの怠惰なことを示しているだけ。自分の心を開くというのとは違う。

彼らの告白は親しくなるための手段である。

「私はこれだけのことをあなたに告白している」、そうした関係だということである。

あまりつきあいのない人に手帳を置いていく神経症者がいる。手帳は相手にとって何の意味もないということがわからない。

自分にとって大切なものだと、人にとっても大切だと思う。そして手帳を置いていって「私はあなたにこれだけの大切なものを渡した」と愛情欲求をする。

対人恐怖症者は人恋しいけど、つきあい方がわかっていない。多弁になるのも、だれとも話さなくなるのも、つきあい方がわからないからである。

外で視線に怯える対人恐怖症の人は、家に帰ってきても家族と話さないことが多い。外でも家でも、人のなかにいながらも一日だれとも話さないことがある。

多弁の人とまったく違うようであるが、つきあい方がわからないという点で両者は共通している。

ある対人恐怖症の人は、「視界のなかに人が見えるだけでも逃げてしまうようになってしまっていたのです」と言う。

それで故郷を離れて東京に出てくると、今度は「めいっぱい明るく振舞おうとして人の輪のなかに入っていきました」となる。

逃げまいとする緊張

対人恐怖症者はそのままの自分では相手にとって価値があると感じられない。

相手にいい印象を与えるかどうかに、自己の存在価値がかかっている。

対人恐怖症の人は、たえず他人からバカにされていないかを気にしている。そしてバカにされないように生きようとする。

他人から褒められる生き方をしようとしている。自己蔑視がそこまでひどい。

「患者は理屈を抜きにした感情的な連帯感を追い求め、そのなかでのみ安心しようとする面をもつ」（『対人恐怖の人間学』一三一ページ）

日本人の村意識は対人恐怖症の一つの現れかもしれない。「俺もタイガース・ファンだ」「俺とおまえは同期のサクラ」。

知り合った仲間だけでまとまろうとする。それがうまくいくかぎり、ものすごいエネルギーを発揮する。

人によく思われるかどうかは結果である。それを目的にして生きてはいけない。

「人によく思われること」は手のひらの上の鳥である。つかもうとすると逃げていく。

対人恐怖症ばかりではなく、神経症者は一般に結果として得られるものを目的にして生きているという重大な過ちを犯している。

成長動機ではなく、欠乏動機で動いているということである。

視線が気になるから、向こうからだれかが歩いてくると「やっかいなことになる」という視線恐怖症の人がいる。目のやり場がない。もし向こうが意識して自分を避けたらどうしようと不安になる。その予期不安のために、なんとか逃げたい気持ちになる。逃げ腰になる。

しかし逃げれば「かえってよくない結果を生むような気がします」と言う。それは自信喪失を深刻化するからである。

そこである視線恐怖症の人はいつも「視線が気になっても逃げない」という心構えをしている。この心構えがストレスを生み、エネルギーを消耗する。

ある対人恐怖症の人は「人生は一本道をまっすぐに前に進むだけです」と言う。この意識した過剰な前向きな姿勢がストレスになる。この「逃げまいとする緊張」はかなりのストレスになる。

ほんとうは逃げたいのに、意識して無理に前向きになることの葛藤でエネルギーを消耗し疲れる。

「患者は赤面におびえる不甲斐ないおのれの弱さを克服しようと赤面との戦いを決意する」
(『対人恐怖の人間学』九五ページ)

なぜそんな決意をするのか？

それは赤面する己《おのれ》を憎んでいるからである。自己憎悪である。

対人恐怖症の人はまったく人のことを考えていない。

さらに自分のしていることは嫌われると一人で勝手に思っている。

自分も人も嫌い。

赤ちゃんを好きな看護師さんは赤ん坊の抱き方がうまい。嫌いな看護師さんはよく教えられて努力しても赤ちゃんがむずがる。

好きならばいろいろなことが自然とうまくいく。

他人が自分のことをどう思っているかあまりにも気にする人は、抑圧の強い人である。心の底の動きを他人に知られたら困るからである。

赤ちゃんを嫌いな看護師さんは努力しても赤ちゃんがむずがるように、対人恐怖症の人は努力しても人間関係がうまくいかない。

◇「さびしさ」と「憎しみ」に正面から向き合おう

なぜ対人恐怖症者はそこまで「理想の自分」を演じることにこだわるのか？

対人恐怖症者は理想の自分を演じることで相手を卑しめようとしている。またたからこそ相手が怖いのである。自分が相手を卑しめようとしているから、相手が怖い。相手から卑しめられる可能性があるからである。

彼らは卑しめようとする気持ちを外化する。その結果、相手が自分を卑しめようとしていると感じる。

対人恐怖症者には隠された敵意がある。

その隠された敵意を理解しないかぎり、彼らの恐怖感は理解しにくいだろう。ふつうの常識で理解できないことのなかには、この隠された敵意による心理が大きい。

対人恐怖症者は、他人に対して自分の成功を誇示して「どうだ」と胸を張りたいのである。そして他人を卑しめたいのである。

それによって小さいころからの屈辱を晴らしたい。さびしさと憎しみ、それが彼らの心の底にあり、彼らの感情と行動を決めている。

つまり彼らの人生を決めている。

対人恐怖症から回復したければ、その心の底にあるさびしさと憎しみを意識に載せて、それと正面から向き合うことである。

とにかく楽しさを見つけることと、こうして心の底にあるものに直面していくことで対人恐怖症を乗り越えていくことができるにちがいない。

対人恐怖症者がわからなければならないのは、「理想の自分」を演じることで得られるものは何もないということである。

得られるだろうと期待したものは何一つ得られない。そして失うものがあまりにも大きい。

ある対人恐怖症者は強くて勇気あるリーダーが「理想の自分」である。しかしその人は「理想の自分として振舞ったり、行動したあとで、自分がぐったり疲れてしまうのです」と言っている。

ぐったり疲れても目的のものが得られればいい。強くて勇気あるリーダーと周囲の人が思ってくれればまだ救われる。

しかし現実はどうなっているのだろうか？

この人は「社内の人間関係も、取引先の人間関係も、家族とも、だれともうまくいっていません。すべてギクシャクしています」と言っている。

それは頑張る動機が憎しみだからである。

5 受身でいることの不幸

言い寄られると簡単に引っかかる

「受容的構えにあっては、人は『あらゆる善の源泉』が自分の外にあると感ずる」（Man for Himself／『人間における自由』八二ページ）

彼らは真面目に努力しているのだけれども、自分の価値を信じられない。だから、人から好かれることが何よりも大切になる。逆に人から嫌われるのは何よりも怖い。

自分が自分を好きになるのでは安心できない。なぜなら自分には価値がないと思っているからである。

「自分の外」である他人は価値がある。その自分の外の他人から好かれることで安心する。自分の外である他人に尊敬されることで、自分という存在を感じることができる。自分の外である他人に好かれることで自分という存在を感じることができる。

「あらゆる善の源泉」が「自分の外」にあることで、たえず人から気に入られようとする。

裏を返せば人から嫌われるのは怖い。他人から嫌われたら、生きている意味がなくなる。自分の価値が感じられない。

そのうえ「自分の外」である他人がものすごい価値のある人に感じてしまう。受容的構えの人は、たいしたことのない人でも、すごい人と思ってしまう。

ずるい人、人を利用するような卑しい人、冷たい人、不誠実な人等々と出会っても、偉大な人と錯覚することが多い。

心にエネルギーのある人なら「こんな人に好かれたくなんかない」と思う。しかし彼らはそうは思わない。

ふつうの人は「イヤな奴」と思ってつきあわない。彼らも「イヤな奴」と思ってつきあわなければいいのに、逆に尊敬したりする。

外面《そとづら》がよくて、内面《うちづら》の悪い人は受容的構えの人である。「あらゆる善の源泉」が「自分の外」にあると錯覚している。

どう考えても自分のしてきたことのほうが立派なのに、逆にペコペコと頭を下げる。自分は正直に真面目に働いてきた。自分は努力してきた。悪いことなど何もしてこなかった。

それなのに他人に負担を押しつけて、責任を逃《のが》れて生きてきたずるい人に頭を下げる。

「あらゆる善の源泉」が自分の外にあると感じている受容的構えの人は、その結果とんでもない人間関係をつくってしまう。そして悩む。不幸にならなくてもよいのに、自分から不幸になる。

受容的構えの人の周囲にはずるい人が集まる。それはずるい人にとって、受容的構えの人は都合のよい存在だからである。

受容的構えの人は、ほんとうは自分には価値があるのに、価値があるとは思わない。ほんとうは相手は価値がないのに、ずるい相手を価値があると思ってしまう。

ずるい人にとってこれほど都合いい人はいない。だから受容的構えの人の周りにはずるい人が集まる。

受容的構えの人は自分から自分を不幸にする人を引き寄せてしまう。

さらに受容的構えの人は恋愛でもとんでもない異性に引っかかる。

フロムは受容的構えの人は「愛の対象をえらぶのに無分別でありやすい」(Man for Himself／『人間における自由』八二ページ）と述べている。そのとおりである。

受容的構えの人は、ずるい異性に簡単に引っかかる。まさに分別がない。

たとえば男性のほうが受容的構えの人であるとする。男性のほうは自分の価値に気がついていない。「あらゆる善の源泉」が自分の外にあると感じているからである。

そしてずるい女の手練手管《てれんてくだ》に簡単に引っかかる。汚れて生きてきた女の「純粋そうな演技」に簡単に引っかかる。

いつも男をだまして生きてきたような女を「この世に二人といない清純な女」と思ってしまう。

まさにフロムの言うように「愛の対象をえらぶのに無分別」なのである。

受容的構えの男にとって、女から言い寄られるという体験がフロムの言葉を使えば「圧倒的体験」なのである。

自分のほうから「あの人はすてきな人」だと思うのではない。自分のほうから相手に働きかけるというよりも、相手から働きかけられるのを待っている。

そして働きかけられるということが圧倒的に価値のある体験なのである。

言い寄られることで心がふぬけになってしまう。愛の演技に弱い。ずるい異性に狙われたら受容的構えの人はひとたまりもない。

たとえお世辞でも言ってくれれば「いい人」

いろいろと人生に悩むのは多くの場合、この受容的構えの人たちである。

たとえば人間関係で悩む。つまり親子関係で悩む、恋愛で悩む、上司との関係で悩む。

それは自分が望むほど相手が自分を愛してくれないからである。相手は自分が望むように自分を取り扱ってくれないからである。そこで不満になる。

「この構えにおいては、愛の問題は殆ど何時も、『愛されること』であって、愛することではない」（Man for Himself／『人間における自由』八二ページ）

この受容的構えの人が「あの人はいい人」と言うときには、たいてい自分のことを好きになってくれる人である。自分を褒めてくれる人である。

嫌いな人、イヤな人は、自分を批判する人である。

自分のことをほんとうに愛してくれる人を好きになるわけではない。

たとえお世辞であってもいい。自分を悪く言わない人が好きになる。お世辞を言ってくれれば、その人がいい人と思う。

こうして人間関係を間違っていく。

人はどういう人が周りにいるかで幸せか不幸かは決まってくる。

フロムが受容的構えの人を非生産的構えの一類型としてあげているのだが、この人々はもちろん幸せにはなれない。

一つは求めるばかりだから永遠に不満である。

大人になって求めるものが求めるだけ得られることはない。愛されることだけを要求していれば、死ぬまで満たされることがない。だから死ぬまで不満である。

もう一つは、この受容的構えの人は、どうしても人間関係を間違える。

生産的構えの人は人間関係を間違えない。というよりも生産的構えということは、人間関係を間違えようがないということである。

生産的構えの人は、非生産的構えの人を自分の周りに寄せ集めない。だから幸せになるのである。

非生産的構えの人は、いつも愛を求めている。愛されないと不満になる。求めたものが得られないと憎しみを持つ。

同情を求める被害者感情

したがって受容的構えの人は被害者意識を持ちやすい。被害者意識は愛されるための「構え」である。

悩んでいる人の手紙を読んでいると「私はこんなにひどい目にあった」ということを延々と書いてくる。親から、上司から、友だちから、「こんなにひどい目にあった」と恨みつらみを書いてくる。

たとえば悩んでいる人の手紙には問題解決のための具体的なことが何も書かれていない。悩んでいる人は経済的にやっていかれないとか、肉体的に衰弱してきて将来が不安だとか、具体的なことは何も書いていない。

そのために自分はこう対処しようと思うがどうだろうか、ということは決して書かれていない。

さらに事が起きていないのに一人で悩んでいる。

とにかく自己憐憫《れんびん》で、相手から同情を求めている。なかには注目が欲しいから自殺未遂をする。

「宗教的な場合ならば、そうした人達は神という概念を抱き、自らの行為によっては何も為すことなく、すべてを神に期待するのである。

宗教的でない場合にも、彼等と人間又は制度との関係は全く同じである。彼等は何時でも『魔法の援助者』をもとめるのである」（Man for Himself／『人間における自由』八三ページ）

悩んでいる人は多くの場合、自分の問題を解決してくれる「魔法の杖」を求めている。だから、その手紙の内容は要求ばかりである。

解決のために自分が動いていない。「解決してくれ」と訴えている。そして「相手はひどい」と訴えている。

これが「受容的構え」である。

たとえば自分の不幸の原因を家族のせいにしている。そして家族を責めている。

「自分がこうなってしまったのは、何が原因でしょうか？」が悩みの相談なのであるが、それがない。

「私は穴に落ちてしまいました」と書いてくる。「ライオンから追われて落ちました」と書いている。すべてをライオンのせいにしている。だから解決が着かない。

なぜ自分はライオンに狙われたのかを考えていない。

次に「私は何をしたいか」を書いていない。

たとえばいろいろと自分の事情を説明したあとに、①家を出ようと思います、②自殺しようと思います、③仕事を捨てようと思います。

「このなかでどれがいちばんよいでしょうか？」が相談なのであるが、解決案を自分で考えていない。

それがないのが悩みの手紙の共通性である。

悩みの手紙の共通性というよりも、悩んでいる人の共通性といってもよいかもしれない。

第三に耐えることがない。

これらの根底にあるのが、この受容的構えなのである。

この受容的構えという非生産的構えを変えることが悩みの解決につながる。この構えを直さないかぎり、いつまでたっても悩んでいる。

もし幸運にもいまの悩みが解決したとしても、次にまた同じような悩みが出てくる。つまり一生悩んでいる。

この受容的構えの基本にあるのが依存心であろう。

依存心があるから、当然敵意もある。依存する対象が自分の望むように動いてくれない。

その結果、相手を恨むことになる。

依存性は支配性であり、その当然の帰結として敵意や恨みが生じる。ふつうの大人の社会で、他人は自分の思うように動いてくれないからである。

要するに悩みの根底にはその人の依存心がある。

さきに「この構えにおいては、愛の問題は殆ど何時も、『愛されること』であって、愛することではない」と書いた。

ひたすら愛されることを求めているから、いつも不満になる。自分の求めているものが手に入らないからである。

好き嫌いがハッキリしていれば悩まない

では悩みを解決するためにはどうした心構えが必要なのか？

受容的構えの人は、人を愛そうと決意してみることである。すると自分はいかに依存心が強いかに気がつくのではないだろうか。

そして案外嫌われるのは怖くなくなる。受容的構えの人は、わけもなく、嫌われたらたいへんだと感じている。

とにかく自分が何者であるかがわからないかぎり何事も始まらない。自分がメダカだか、ヘビだか、鷲《わし》だかもわからないのでは、何をどうしてよいかもわからない。

そして自分がわかったら、エネルギッシュで明るい人を観察することである。

するとそういう人は、自分と違って受容的構えで生きていないことがわかる。

つまり悩んでいない人は、愛の問題はいつも、愛することである。人から理解されることをも求めているのではなく、生産的に生きている人たちは、人を理解しようとしている。自分のつらさを訴える前に、人の話を聞いている。人の気持ちを理解している。

そして人の気持ちを理解したうえで、決して八方美人にはならない。好き嫌いがハッキリとしている。

断る人に対してはハッキリと断っている。嫌われることを恐れていない。

自分のほうが好き嫌いがハッキリとしているときには、嫌われるのは怖くない。

生産的に生きている人たちは、人の好意で自分を守ろうとしていない。自分の力で自分を守ろうとしている。だから嫌われるのは怖くない。

したがってある人には自分から働きかけている。別の人に対しては拒否している。さらに別の人からは逃げる。

好かれることが第一にはなっていない。それにもかかわらず、結果的には比較的多くの人から好かれている。

愛情飢餓感が憎しみへと姿を変える

受容的構えの人は「飲んだり喰ったりすることを好む」(Man for Himself／『人間における自由』八三ページ)。子どもはそうである。

「食事か飲酒かによって不安と抑圧とを克服しようとするのである」(Man for Himself／『人間における自由』八四ページ)

彼らが満たそうとしているのは肉体的な欲求ではない。心理的な欲求である。しかし残念ながら、食べることでは心の乾きは本質的には癒されない。

したがって過食症に陥ることもあるだろう。おなかが空いたから食べるのではない。愛情飢餓感があるから食べるのである。心の空虚感を満たそうとして食べる。

口唇《こうしん》欲求を満たそうと空腹とは関係なく食べる。

「口は特に目立っており、しばしばもっとも表情にとんだ部分である。唇は食べさせてもらうことをたえず期待するかのように、何時も開いていがちである。夢の中では、しばしば食べさせてもらうことが愛されることの象徴であり、飢餓は要求阻止又は失望の表現である」(Man for Himself／『人間における自由』八四ページ)

「目は口ほどにものを言う」というが、口もまたメッセージを発しつづけている。

受容的構えの人の口が開きがちであるのに対して、搾取的構えの人は「かみつきそうな口」(Man for Himself／『人間における自由』八五ページ)をしている。

小さいころだれからも愛されなかった人たちは、執拗《しつよう》に愛を求める。そしてほとんどの場合それは満たされない。その結果、憎しみを持つ。

だから小さいころ、だれからも愛されなかった人たちは、大人になっても、老人になっても不満な暗い顔をしているのである。

不満な暗い顔が表しているのは、求めるものの激しさである。小さいころからいかに満たされることがなかったかということである。

満たされない愛情欲求はつねにみずからを満たそうとしている。小さいころ満たされなかった欲求は大人になって消えるわけではない。

お金を得ても権力を得ても名声を得ても本質的には満たされるものではない。

人が守銭奴《しゅせんど》になるのも、権力の亡者《もうじゃ》になるのも愛情飢餓感が原因である。

そして愛情欲求はいつしか憎しみの感情に姿を変える。ほとんどの人は自分の憎しみの感情の源が愛情欲求であるということに気がついていない。

憎しみの感情の激しさは愛を求める気持ちの激しさである。それは多くの場合、正比例している。

「一人では生きられない」という自信のなさ

「彼等の第一に考えることが自分達に必要な指示を、自分では少しも努力をせずに、誰かを探して授けてもらおうとする点にある。宗教的な場合ならば、そうした人達は神という概念を抱き、自らの行為によっては何も為すことなく、すべてを神に期待するのである」(Man for Himself／『人間における自由』八三ページ)
すべてを神に期待するというよりも、すべてを期待できるものを神にする。すべてを期待したいという願望があり、その願望をだれかに外化して、その人を「これぞ我が神」というのではないだろうか。
まず神があるというのではなく、まずあるのは「私を救ってください」という願望である。その願望を満たしてくれるものを「神」と呼んでいるのである。

受容的構えの人の宗教は「神を信じている」というのとは違う。

もちろん宗教的でない場合にも彼らは魔法の援助者を求める。そして特別の性質の忠誠心を抱くという。

彼らの心が安定するためには援助者が必要である。

この構えの人は「安定を感ずるためには多くの援助者が必要であるから、彼等は多くの人々に対して忠誠をつくさなければならない」(Man for Himself／『人間における自由』八三ページ)。

でも、こういう人の心は忠誠ではない。これが八方美人である。

受容的構えの人は八方美人になって何でもよく働こうとするが無理である。働き者だからずるい人には利用価値がある。

さきにも述べたごとく有能でかつ受容的構えの人の周囲には、ずるい人が集まってくる。

だいたいどのようなタイプでも利用される人は一人で生きていく自信がない。会社でも一人でやっていける自信がない。自分の社内での地位を自分の力で守っていける自信がない。

一人で生活していく自信がない。そこでどうしても周囲に迎合して周囲の好意で生きていこうとする。その弱さをずるい人から見透《みす》かされるのである。

これがずるい人から利用される受容的構えの人である。

「彼等は助けなしには何事も為し得ないと思っているので、一人ぽっちになると駄目になったと感ずるのである」（Man for Himself／『人間における自由』八三ページ）

こうなれば嫌われるのが怖いのは当たり前である。

彼らはほんとうに実力がないのであろうか？　ほんとうに何事もなしえないのだろうか。そうではない。実力は十分にある。しかし自信がない。いつも人に頼って生きているから実力はあるが自信がない。

受容的構えの人が自信がないのは、彼らの生きる姿勢による。一人では生きられないという心理的自立性の欠如である。

なぜ自立できないかについてはあとで考える。

ずるい人からいいように利用される受容的構えの人は、実際には実力はあるのに相手にすがっている。心理的に一人では生きられないということが彼らの弱点なのである。そこでどうしても相手にすがる。

ずるい人のほうはその弱さを見抜く。嫌われるのが怖い受容的構えの人はずるい人の言いなりになる。

受容的構えの人は言いなりになりながらもずるい人に感謝をしたりする。ずるい人は受容的構えの人からどんどん取れる。

利用されるほうは有能だが、人を利用する人は自活の力がない場合が多い。人から取ることで生活が成り立っている。いつも人から取ることを考えていて、自分に力をつけることを考えていない。

「彼等はしばしば、純粋なあたたかさと、他人を助けたいという願望を持つが、他人の好むことをなしつつ、彼等はまたその人達の寵《ちょう》を得るというはたらきを予想してもいるのである」（Man for Himself／『人間における自由』八四ページ）

つまり彼らは、人を利用する人から好かれようとして、相手の利益になることをするが、彼らが期待する寵を得ることはできない。寵をちらつかされるだけで、利用されるだけで終わってしまう。

利用される人は、目の前にニンジンをぶらさげられて走らされている馬みたいなものである。それほど愛が欲しいということでもある。

しかし別の視点からいえば、こういう人は問題児であることも確かである。「愛されたい、愛されたい」という神経症的要求が強い。いくつになっても心理的には五歳児の大人である。

何度も言うように受容的構えの人にとって愛はつねに愛されることだから、いつも不満である。

一生憎しみの感情を抱いて死んでいく。

受容的構えの人は、近づいてきた人を拒《こば》めない。

あなたは、自分から歩み寄った人が何人いますか？

もしかしてあなたの周りは、ケチでびた一文出さないという人ばかりではないですか。

受容的構えの人は、自分に近づいてきてくれた人は、自分の価値を認めてくれたと錯覚する。

誘われたのが嬉しい。それでは利用される。

あなたを愛する人は、あなたがお金を持っていてもあなたにすぐには近づいていかない。

劣等感の原因は依存心

ところでさきに「この受容的構えの基本にあるのが依存心であろう」と書いた。この依存心と深く関係しているのが劣等感である。

「統制群と比較して、過剰依存を示す少年たちは、劣等感を示す傾向が強く（12%対51%）、〝異常な恐怖〟を示す傾向も強かった（36%対56%）」（John Bowlby, Attachment and Loss, Volume2, Basic Books, A Subsidiary of Perseus Books, L.L.C., 1973／黒田実郎、岡田洋子、吉田恒子訳『母子関係の理論Ⅱ 分離不安』岩崎学術出版社、一九七七年、二六八ページ）

カレン・ホルナイの言う劣等感の原因としての所属感の欠如も、基本的には同じことを述べているのだろう。依存心こそ劣等感の原因なのである。

「統制群に比べて、依存群の少年たちは、ほぼ2倍の者が父親から拒否されていた（28%対51%）、あるいは母親に拒否されていた（20%対39・5%）」（Attachment and Loss／『母子関係の理論Ⅱ 分離不安』二六八〜二六九ページ）

子どもは親から拒否されたときに、親に愛する能力がないからではなく、自分がダメな人間だから拒否されたと解釈する。

親に拒否されれば子どもは深く傷つく。そうなれば大人になったときには、自分に自信がない。

どうしても人が怖いだろう。さらに自分をとりまく世界のすべてが恐怖である。

このようななかで自立しようとすれば、それは無関心になるか攻撃的離脱しかないだろう。ほんとうの意味で、つまり人とコミュニケーションできるというかたちで、自立することはできないだろう。

「過剰依存を示す少年群のほとんどすべての家庭について、両親のけんかと相互非難が報告されていた」（Attachment and Loss／『母子関係の理論Ⅱ　分離不安』二六九ページ）

子育てに望ましいのは両親が仲良いことはもちろんである。しかしどうしても仲良くできないのなら、次に子育てに望ましいのは離婚である。

子育てに最悪なのは、仲が悪いのにいつまでも同じ屋根の下で暮らしていることである。

要するに劣等感と依存心は相関関係がある。そしてそれは育った人間環境とも関係がある。

劣等感の深刻な人は、まず自分は依存心が強いということに注意を向け、そしてそれが自分の成長の過程の人間環境に大きな原因があることを認めることである。

劣等感が深刻だと認めても、それは自分が悪いからではない。自分を責めることはない。あくまでも自分の現実を認めることである。

そしてそこから前に出発する。

嫌われるのが怖い受容的構えの人は、自分の劣等感を認めないかぎり、前には進めない。

第3章

「嫌われてもよい」と思えば幸せになれる

1 「自分がある」人になるために

自分の欲望がわからなくなっている

自己喪失している人は何も自分のことがわからない。言いたいのだか言いたくないのだか、生きたいのか生きたくないのか、食べたいのか食べたくないのか、好きだか嫌いだかもわからない。

だから何かを聞かれるのがイヤ。

何を話していいか、どこから話してよいかもわからない。

極端にいえば死んでいるのか生きているのかもわからない。

とにかく人にいい顔をして生きてきたから、自分の欲求がわからなくなった。自分の感情がわからなくなった。

何が自分に適しているか適していないかがわからない。

嫌われるのが怖くて、Aという人に合わせ、Bという人に合わせ、Yという人に合わせ、Zという人に合わせているうちに、真の自己を失ってしまった。ということは、全部失っているということである。

いま自分はタコなのに、金魚鉢にいるということがわからない。自分はいまここにいるべき人間ではないということがわからない。

自分に適していない環境にいながら、適していないという感覚すら失っている。

もちろん心の底の底では「自分はいま何か大切なものを失っている」ということには気がついている。

「自分はいったいだれ?」と問いかけてみる

生きることが怖いという人がいる、嫌われるのが怖いという人がいる、生きることに疲れたという人がいる。

そういう人は、いままで、生きるということは、人の期待に応えるということだった。

他人が期待することをする、他人が期待する人間になる、他人が期待することを言う、他人が期待することを同じように望む。

小さいころから親のロボットで生きてきた。自分の可能性を犠牲にして他人の人生を生きてきた。

それは現実を生きるということではない。現実のなかで生きているということではない。自分の人生を生きるということではない。

生きるということが、他人の期待に応えるということになってしまった人の悲劇は、いつも他人に怯えているということである。

他人が自分のことをどう思っているかにいつも怯えている。他人にどう思われるかは、生きるか死ぬかの問題になってしまう。

しかし他人に好かれるということは、その人の心の底の不幸を消してはくれない。

小さいころから他人の期待に応えることが生きることになってしまった人は、しだいに自分がだれであるかがわからなくなってしまう。

歳をとるということは、しだいに自己を失っていくということである。

ふつうの人は、歳をとるということは、自己を確立していくということである。しかし他人の期待に応えることが生きることになってしまった人は、これが逆になってしまう。

三歳の子どもには三歳の子どもの自分というものがあるが、小さいころから親の期待に応えなければならなかった子どもは、三歳になっても三歳の自分がない。こうして自分がだれだかわからなくなっていく。

自分がなければ、他人によく思われることが生きる条件になっていく。自分がなければ、他人に拒否されることは怖い。嫌われるのは怖い。

いま嫌われるのが怖いという人は、「はたして自分はいったいだれなのだろう？」と自分に問いかけてみることである。

自己喪失しているときには、自分が自己喪失しているということに気がつかない。自己喪失を意識していない。

ではどこで見分けるか？

それは人から嫌われるのが怖いかどうかである。

人から嫌われるのが怖い人は、自己喪失している可能性が高い。

そして「自分はいったいだれなのだろう？」と思ったときに、自分は現実のなかで生きてはいなかったと気がつけば、先は明るい。

「自分はいったいだれなのだろう？」と自分に問いかけて「ドキッ」とした人は、先が明るい。

自己喪失が深刻な人は、その疑問さえ出てこない。それが、自己喪失している人は自己喪失しているということに気がついていないということである。

人の期待に応えることが生きることになってしまった悲劇

しかし生きることはつらいし、人が自分のことをどう思っているかは気になってしょうがない。褒められれば嬉しいし、低く評価されれば傷つく。

褒められることとおだてられることの違いがわからないから、努力してもよいことはあまりない。

「人に好かれてよい子になって、落ちていくときゃ、一人じゃないか」というフレーズがある。

しかし「人に好かれて」というが、べつにその人は人に好かれていたわけではない。正確にいえば、「人に利用されて」ということである。

自己喪失しているから、利用されていることと、好かれていることの違いがわからない。「落ちていくときゃ、一人じゃないか」というが、もともと一人だったのである。周りにいる人は、ずるい人ばかりで、だれもその人の価値を認めてなどいない。

その人から甘い汁が吸えるから、その人に近づいてきたというだけである。

つまり何かあって社会的に挫折して、「人に好かれてよい子になって、落ちていくときゃ、一人じゃないか」という台詞のとおりだと思ったら、そのとき、自分は完全に自己喪失していたのだということを認めることである。

「だれでもない私」を周囲の人がほんとうに認めるなどということはありえない。

はじめから周りにいる人は、自分のことを好きでもないし、認めてもいない。まずそのことを認めることである。

そしてそのときこそ、「自分はいったいだれなのだろう？」と自分に問いかけてみることである。

そのときに「自分はだれでもない」ということに驚愕《きょうがく》するにちがいない。つまり自分は「生きていなかった」ということである。ロボットだった。

人に好かれることで自信は得られない。人に好かれることで心の中のイライラはなくならない。

「自分はだれでもない」という人は、フロムの言葉を使えば、非生産的な構えの人だった。そのなかでも受容的構えの人だった。つまりそれは、価値あるものは自分の外にあるという感じ方である。

自分が自分を認めることができない。人が自分を認めてくれたときに、自分という存在を感じることができる。

だから認めてもらうためにだけ生きてきた。その人たちにとって認められることが、アルコール依存症の人のお酒と同じになっている。お酒なしには生きていかれない。

その人たちの悲劇は、そこまで人に認めてもらいたいと思いながらも、人から認められることがないということである。

人の期待に応えるということが、生きるということになってしまった人の悲劇は、じつは人の期待を間違えるということである。

正確にいえば質のよい人の期待が何であるかを間違えるということである。

人の期待に応えることが生きることになってしまった人は、どうしても質の悪い人に囲まれてしまう。ずるい人は、利用できる人を探している。自分が努力しないで、人のものを盗《と》ることで生きていこうとする人は、たえず獲物を探している。

こうした質の悪い人の絶好のカモが、人の期待に応えることが生きることになってしまった人である。

小さいころは、人の期待を間違えてはいなかった。しかし大人になって人間環境が変わったときに、周囲の人の期待も変わったのである。それに気がつかないで、生きてきた。

その過程で周りはずるい人ばかりになってしまったのである。つまり小さいころと同じように、その人を利用しようとする人ばかりになってしまった。

成長の過程で周りには、その人がその人であることを期待した人がいた。しかし彼らはその期待を感じ取ることができなかった。

小さいころと同じ種類の期待しか感じ取れなかった。それが悲劇なのである。

その人がその人であることを期待した人は、周りから去っていく。そして代わりに、その人を利用しようとする人が集まってくる。

こうしてどんどん自己喪失していく。自分がだれだかもわからないで、ただひたすら真面目に努力する。生まれたときがゼロでも、歳をとったときには心の中はマイナスになっている。

心の借金が増加しつづけたのである。

これで幸せになれるわけがない。

「嬉しい」ことより「楽しい」ことを見つけよう

自分がない人ほど褒められると嬉しい。そして褒められると嬉しい人ほど批判されることを恐れる。嫌われるのが怖い。

とにかく「自分がない」ということが、幸せに生きていくうえでは致命傷である。

褒められようとして無理をするし、批判されはしないかといつもビクビクしている。こんな生活で心安らかなはずがない。

自分がないときには、道に迷ってほんとうに苦労する。消耗する。

では「自分がある」ようになるためにはどうすればいいのか？

まず何よりも「楽しい」ということを探すことである。

「楽しい」ということと「嬉しい」ということは違う。

「楽しい」ということには他人はかかわっていない。喜びとか「嬉しい」という感情には他人がかかわっている。

自分が好きな絵を描いていれば「楽しい」。人が評価してくれなくても、絵を描いていれば楽しい。

野球が好きな人は野球をしていれば「楽しい」。優勝しなくても野球をすることが楽しい。負けても野球ができることで満足する。

野球が好きな人が野球をして勝てば嬉しいし楽しい。好きなことで優勝すれば楽しいし嬉しい。

しかし野球の好きな人は、負けても楽しい。負けたことは嬉しくはないかもしれないが、好きな野球ができたのだから楽しい。

楽しいことは自分が好きなことをしているときである。人の期待に応えようとして、しているることではない。人の期待に応えられなくても楽しいことは楽しい。

楽しいことをしているときには、自分の人生を人に見せていない。

自分の人生に楽しいことを見つけられたときに、他人がアンバランスなほど重要ではなくなる。

こうして「自分がある」ようになってはじめて他人ともコミュニケーションできる。

「自分がない」状態では他人とコミュニケーションできない。そこにあるのは迎合とか攻撃である。人と話していても、それは心がふれあうコミュニケーションではない。

愛情飢餓感がある人は、たいてい楽しみを知らない。自分の生活を人に見せている。

おいしいものを食べるのは楽しい、会話が楽しい。基本的な欲求が満たされて、それらが楽しい。

好きな人と嫌いな人をハッキリ分ける

次に「自分がある」人間になるために大切なのは、人間関係の距離感をハッキリとさせることである。

とにかく八方美人をやめる。

もっと簡潔にいえば、好きな人と嫌いな人をハッキリと分けることである。尊敬する人と軽蔑する人をハッキリと分けることである。

世の中には尊敬できる人ばかりではない。ずるい人がいっぱいいる。人をだます人がたくさんいる。

人をだます人は、だましてもだましても、まだまだだし足りない。

なかでも自分の手を汚さないで人をだます人が、もっとも質の悪い人である。質の悪い子は幼稚園のころからいる。自分でいじめないで、人を使って目的の子をいじめる。「〇〇ちゃんがあなたの悪口を言っていたわよ」と耳打ちする。

そしてその子を使って〇〇ちゃんをいじめる。

いじめた子はまだ許せる。許せないのは、人を使っていじめた子である。人を使っていじめた子は、みんなにいい顔をする。

ある不動産屋さんである。ある問題の土地をある人にだまして売った。しかしよく調べてみると、その不動産屋さんはある真面目に見えるサラリーマンからそそのかされて、その土地を売っているのである。

いちばん利益を得ているのは不動産屋さんをそそのかした真面目に見えるサラリーマンである。自分は手を汚さないで、人を使ってだます。

当然だます過程の証拠はすべて消している。計画的にだますから、証拠を消しながら計画を実行している。訴えられる可能性があるのは不動産屋さんである。

だました不動産屋さんはまだ許せる。自分の手を汚している。この不動産屋さんは「悪い奴」である。

しかし真面目に見えるサラリーマンは許せない。

こういう人を徹底的に軽蔑することである。

こういう人を軽蔑することで「自分のある人間」になれる。自己喪失を乗り越えられる。

自分のない人は、だれも軽蔑できない。ただ一人の例外は自分自身である。

自分のない人は、自分だけは軽蔑する。

自分のない人は、誠実な人も、こういう卑しい真面目なサラリーマンも同じに見てしまう。そして同じ態度で接する。同じように迎合する。

質の悪い人からも、質のよい人からも同じように好かれようとする。だれからも嫌われるのは怖い。

自分のない人は相手を軽蔑するのが怖いのである。それは質の悪い人からでも嫌われるのが怖いからである。

八方美人というのは、自己蔑視している人である。だから人からの虐待を許してしまう。

どんなにバカにされても、それに抗議ができない。嫌われるのが怖いから、怒りを表さない。

自己蔑視がひどくなれば、虐待されても怒りさえ湧いてこない。

トコトンひどい扱いを受けても怒りが湧いてこない。それが自己蔑視した八方美人である。

自分をしっかりと持つためには、楽しいことを見つけること、次には尊敬する人と軽蔑する人をハッキリと分けること。決して同じ態度で人と接してはいけない。

他人を喜ばせようとしてはいけない

「自分がある」ということは自分自身の基準を持っているということである。

他人の期待に応えようとしているかぎり、プレッシャーはなくならない。

メジャーリーガーにとっていちばん重要な資質は何かを書いた『メンタル・タフネス』という本がある。

著者は、選手は他人の期待に応えようと悩んではいけない、自分自身の基準に応えようと努め、他人を喜ばせようとしてはならないと言う。

多くの選手は他人がどう見ているかに気をつかうと言う。しかし、そうした選手は偉大な選手になれないと言う。

他人の期待に応えようとして問題をつくってしまうと言う（Mental Toughness, pp.23-24）。

偉大な選手になるためには、他人の期待に煩《わずら》わされることはない。

このようなことは、なにも野球の選手についてばかり言えることではない。われわれの人生に対する態度として必要なことである。

自分自身の基準を持たない人が、「自分のない人」である。「自分のない人」が他人の期待に応えようとし、プレッシャーに負けて自分自身の能力を発揮できない。自分の可能性を実現できない。

小さいころから周囲の人の期待に応えようとして生きてきたら、自分自身の基準が持てなくて当たり前である。

いま自分自身の基準がないといって落胆することはない。今日から「私はだれなのか?」を自分に聞きながら自分自身の基準をつくっていけばいい。

そしてその基準ができるにしたがって、他人の期待に応えなければというプレッシャーはなくなってくる。

そうなったときが「私はプレッシャーが好きだ」と言えるようになる。

『メンタル・タフネス』の著者は勝者の態度として、この［I love pressure］をあげている。こうなったときにはプレッシャーがプレッシャーでなくなっている。

プレッシャーに立ち向かう姿勢がプレッシャーをプレッシャーでなくしてしまうのである。他人の評価に自分を委ねているかぎりプレッシャーはなくならない。

小さいころ劣悪な人間環境のなかで生きてきた人は、どうしても自分を持てない。「自分のない人」であるあなたは、いままで他人の期待に応えるだけの人生だった。そして他人の期待に応えられなければ、「自分はダメな人間」と錯覚してきた。

2 ひとりぼっちになる覚悟

「嫌われてはいけない」という心理的圧迫

嫌われても怖くない、そう感じたときに、人は自信を持って生きていかれる。

「嫌われたくない症候群」の人は嫌われると何かたいへんなことが起きるような気がしている。何か生きていくうえで不都合があるような気がしている。

小さいころ、お母さんといっしょでなければ外に出かけられないような気がしているときがある。なぜかわからないが出かけてはいけないと感じている。

それと同じで、なぜか「嫌われてはいけない」と感じている人がいる。嫌われてもたいへんなことが起きないのに起きる気がしている。

「嫌われたくない」ということを超えて「嫌われてはいけない」という気持ちになっている。

こうなると「嫌われたくない」という望みよりも「嫌われてはいけない」という心理的必

要性になっている。

それは嫌われるのが怖いという恐怖心と「嫌われてはいけない」という規範意識とが合体した感覚である。

この「嫌われるのが怖い」という恐怖心は「好かれたい」という願望と合体する。

そしてこの心理的塊《かたまり》はその人の感じ方や考え方や行動を支配する。恐怖と願望とが合体したら、もうこれ以上に人を支配するものはない。

喜びも悲しみも、この人はこの心理的塊のなすがままになる。

この心理的塊を生み出すものは何か？

それはもちろん愛情飢餓感である。小さいころ親に愛されなかった。幼児的願望が満たされていない。

愛情飢餓感があると嫌われるのが怖い。だれにでも好かれたい。「あの人に」好かれたいというのではない。だれでもかれでも好かれたい。

そして好かれると嬉しい。ここも問題なのである。だれに対しても嫌われるのが怖い人は、だれに好かれても嬉しい。

ほんとうに好かれるのなら問題はないが、だれからでも好かれるのが嬉しい人は、お世辞を言われても嬉しいのである。

「あなたが好き」と言われると嬉しくなる。「あなたはすばらしい」と言われると嬉しくなる。

褒められたい、認められたい。しかもほんとうに褒められ、認められるのではなく、おだてられ、利用されているだけなのである。それに気がつかない。

「嫌われたくない症候群」の人は、おだてられたとき、お世辞を言われたとき「自分を感じる」ことができる。要するにそこまで自己不在だということである。

ボールビーは母性的保護を失った子どもを観察して、彼らは愛を求めることにおいて対象無差別であると述べている。だれからも愛されたい。

嫌われてもよいと思う人は、小さいころ安定した親子関係がある人である。

だれからも愛されたいと思うから、だれから嫌われてもイヤ。だれから嫌われるのも怖い。そういう人たちにとっては、家族が家族ではない。親が親ではない。形は家族のなかにいても、心は他人のなかにいる。

他人のなかにいると、愛情飢餓感の強い子は「いい子」になる。子どもは本来、わがままである。親しい人に囲まれてリラックスしていればそのわがままが出る。

他人のなかにいると、そのわがままを抑えて「いい子」になる。

つまり「嫌われたくない症候群」の人たちには親しい人がいない。周囲の人はみな冷たい他人。

彼らは小さいころから他人のなかにいて心理的に消耗している。エネルギーがないから、こちらから先に相手のところに行かない。

「あなたが好き」と言ってきた人についていく。恋愛でも、自分から愛を求めていかないで、自分を好きになってくれた人と恋をする。

ウサギが好きならウサギのところへ行く。

生きることに行き詰まる理由

嫌われるのが怖いから相手の言うことにしたがってしまう。言われるとすぐにそのとおりに行動する気になってしまう。自分が持っている方針をすぐに変更してしまう。

心の中で「そのとおりだ」と思って言うことを聞いているぶんには問題はない。

しかし「嫌われたくない症候群」の人は、相手の言うことに心の中で納得しているわけではない。したがって相手の言うことを「はい、はい」と聞いていても、そのあとで、なんとなく不快感が残る。なんとなくしっくりとしない。

そのなんとなくしっくりとしない気持ちが、毎日心の中に積み重なっていく。そうすると睡眠不足をしているような状態になる。心がスッキリとしない状態になる。

嫌われるのが怖いという恐怖心は恐ろしい。

その人から離れることが自分の幸せなのに、その人に好かれようとして無理をする。

その人とつきあっていることが不幸の原因なのに、その人から嫌われるのが怖い。

なんで自分の気持ちはいつもイライラしているのか？　なんで自分の気持ちはいつも「もやもや」してスッキリとしないのか？

まずは、いまの人間関係が原因であることを認めることである。

それを認めたら次に「どの人間関係がどう問題なのか？」、それを真剣に考えることである。

自分が困っているときに助けてくれない人たち。逆にその人たちは、自分の困っている状態をつくっている人たちである。

それなのにその人たちに嫌われるのが怖い。

そして怒りをぶつけやすい人にぶつける。ある人にはオオカミで、別の人には子羊になる。

あなたが怒りをぶつける人が、あなたが困ったときにあなたを助けてくれる人である。

そういう人間環境のなかで生きている人たちが生きることに行き詰まってくる。

人間関係を変えるエネルギー

なぜ多くの人は生きることに行き詰まるのか？

それはもちろん、嫌われるのが怖くて八方美人になるからである。

その人から離れることが幸せになるスタートである。しかし、じつは離れることはそう簡単なことではない。それはその人から離れることには、ものすごいエネルギーがいるからである。

「嫌われるのが怖いと、恐れていてはいけない」と思って、離れようとする。しかし離れるためには、かなりのエネルギーがいる。

もちろん心理的なエネルギーがもっとも重要であるが、必要なのは心理的なエネルギーばかりではない。肉体的なエネルギーもいる。時間もかかる。

要するにいったんできた人間関係を変えるのには手間暇がかかる。それはムダなエネルギーと時間に思える。しかしこのエネルギーを使うことなしには、問題の人から離れることはできない。

じつは生きることに行き詰まってしまう人は、このエネルギーがないから生きることに行き詰まるのである。

いったんできた人間関係から逃れるということは簡単なことではない。

それは恋愛関係であろうと友情であろうと、仕事関係であろうと、弁護士と依頼人との関係であろうと、血縁関係であろうと、どんな人間関係でも変えることにはエネルギーがいる。

変える過程で腹が立つことも多い。耐えることも多い。でも変えなければ幸せにはなれない。

いわんや離婚のような、深い関係を解消するときには膨大なエネルギーがいる。

私はある婚姻関係調停で、依頼人と弁護士との関係で驚いたことがある。

依頼人は離婚をしたくなかった。しかしそのケースでは、離婚成立がその弁護士に利益をもたらす。そこで弁護士は依頼人の不利益のために働いている。

それは依頼人にもわかってきている。つまり本質的には相手方には二人の弁護士がいて、その人にはだれも弁護士がいない状態である。

それでもその依頼人はその弁護士を解任できない。

私はそのときに、嫌われるのが怖いという恐怖心はこれほどものすごいものかと驚いた。結局離婚は成立して、その依頼人は病気になって弁護士は巨額の利益を得た。

その弁護士は依頼人の弱さを見抜いていたのである。

嫌われるのが怖いという恐怖心は、ずるい人の餌食《えじき》になる。

「嫌われたくない症候群」の人は、自分を病気に追い込んでいくような人にもいい顔をする。心底孤独なのであろうが、そんな孤独なときに周りにいる人はろくな人ではない。

ひとりぼっちになる覚悟が幸せになる秘訣《ひけつ》である。


まず嫌われるのが怖い人は、「この人に嫌われて何か困ることがあるだろうか？」とよく考えてみることである。

その人に嫌われて困ることなど何もないのではないか。

それなのになぜそんなに嫌われるのが怖いのか？

それなのに嫌われないために、なぜそんなに努力するのか？

その人に嫌われたら、明日の食事ができないのだろうか。今晩寝る場所がないのだろうか？　計画している旅行に行けないのだろうか？

その人に嫌われたら、晩年に年金がもらえなくなって困ることが何かあるのだろうか？

その人に嫌われないことが、あなたの人生の目的なのだろうか？

その人に嫌われないためだけに生きて、人生の最後に何か達成感のようなものがあるのだろうか？

逆に人生の最後には、なんてムダな時間の使い方をしたと思わないだろうか？

せっかく受けた生を、そのように浪費《ろうひ》してもよいものなのだろうか？

3 心の砦をつくる方法

頑張りすぎて燃え尽きる

生真面目なビジネスパーソンがめいっぱいに仕事をすると、次の年もめいっぱいに仕事をすることになる。

人は自分の能力一〇〇パーセント以上で頑張っても、周囲の人はしだいにその頑張りを当たり前と受け取る。そしてもっと仕事を持ってくる。

これが十年続くと周囲とのギャップはすごくなる。

そこである人が「疲れているんだろう」と言えば癒される。そう言った人にまた利用されることもある。

それなのに、その生真面目な人は周囲に「だいじょうぶ、だいじょうぶ」と言う。

これは真面目なビジネスパーソンなら、だれでもたどる道である。しかし、だいじょうぶではない。こうして燃え尽きることになる。

どのように燃え尽きるにしても、共通点は仕事を抱え込みすぎること。そしてどこかでさびしい。

表情のない人は不気味。能面な人は相手を物と思っている。こういう人に生真面目な人は利用される。

能面な人には気をつけましょう、やさしい人には気をつけましょう、さびしいときにはだまされないように気をつけましょう。

「もともと、あなたは強いのだ」

ある会社である。ある人が自分の実力以上に頑張っていた。そしてノイローゼになりかかっていた。

そこである人が「この仕事、私には多すぎるから、できません」と言えばいいとアドバイスした。

「もうこのままでは自分は倒れる」と思っていたその人は、会社を辞めるつもりで、アドバイスされたとおりに言った。

すると「なんだ、そうだったのか」で解決した。

それでなければ彼は燃え尽きていた。

その日、上司に飲みに誘われた。そして話しているうちに「なんだ、そうか、上司もそうだったか」とわかったという。

しかし「この仕事、私には多すぎるから、できません」と言えるためには心の砦が必要である。

心の砦は、心の葛藤が解決してはじめてつくられる。

幼児的願望が満たされて心の砦がつくられる。だから心の砦をつくるためには心の葛藤を解決することが第一である。

それをしなければ心の砦をつくる作業に取りかかれない。

心の砦がなければ、周囲から攻撃されたら怖い。だから周囲の人に迎合するのは当たり前である。

あなたは心の砦がなくても今日まで戦って生き延びてきた。それはたいへんなことである。

もともと心の砦のある人が戦うのとはわけが違う。心の砦がないのに戦った。その強さを自覚することである。

心の砦をつくる方法は二つある。

一つは自己実現である。もう一つは戦うこと。

したがって自己実現に努めるのは大切なことである。自己実現していないあなたは、さきにあげた例を使えば「タコ」が金魚鉢で泳いでいるようなものである。スミも出せない。

しかしそれでも、あなたは戦ってきた。その自分の持って生まれた質の強さを自覚することが大切である。

心が萎えてしまう人は、自分のもともとの質の強さを自覚していない。

いま強い人と、いま弱い自分では育つ人間環境が違っていたのである。

それでも自分は今日まで戦って生きてこられたという質の強さを自覚することである。芯の強さと言ってもいいかもしれない。

「私は弱い」と思ったら心は萎える。「私はダメだ」と思ってしまえば、ダメでないこともダメになってしまう。

「もともとは、自分は強いのだ」ということを決して忘れないことである。

ほんとうに弱いのに「弱い」ということを認めない人がいる。そういう人と、強いのに弱いと思ってしまっている人とどこが違うか？

それは、「私は弱い」ということを認めない人は地道な努力を長年にわたってしていない。ほんとうは強いのに「私は弱い」と思ってしまっている人は、地道な努力を長年にわたってしている。

だれにでもイヤなことはある。だれでも心が萎えることがある。

心が萎えたからといって、すぐに「私は弱い人」と決めつけてはいけない。

ひどい人間環境のなかで生きてきた人と、恵まれた人間環境のなかで生きてきた人では、「いま」というときの心の強さはまったく違って当たり前なのである。

戦うことで自分が生まれてくる

さきに心の砦をつくる方法は二つある、一つは自己実現で、もう一つは戦うことだと書いた。

心の砦がなければ戦うことは困難だが、戦うことによって心の砦はできてくる。

とにかく相手の言いなりにならないで、自己主張をすることである。

はじめは気が引けてなかなか自己主張できない。自己主張すると何か悪いことをしているような気持ちになる。

当然の自己主張でさえ、罪の意識を持ってしまう。まるで自分が利己主義者のような気持ちになる。

それは偽りの罪の意識である。小さいころから従順を強いられて成長してきた結果である。

自己主張することでさえ罪の意識を持ってしまい、自己主張できないのであるから、相手と意見が対立して戦うというようなことはなかなかできない。

意見を戦わせるばかりではなく、現実のバトルとなるとさらにできない。

しかし人は戦うことで強くなる。戦うことで鍛《きた》えられる。戦うことで自分が生まれてくる。戦うことで「自分のある人」になれる。

もちろん戦えば突然ある日強くなるというものではない。それは月日をかけて強くなる。徐々に徐々に強くなる。

ダイエットをして少しずつ体重を減らすように、少しずつ強くなっていく。戦っているうちに気がついたら、強くなっている。嫌われるのは怖かったのに、気がついたら嫌われるのが怖くなくなっている。

戦うことは勝敗の如何《いかん》にかかわらず、本人の心の問題としては望ましい結果を残す。

ケンカはその場での勝ち負けよりも、心が落ち着いているほうが、勝ち。心が落ち着いていれば、裁判に負けても、あなたは勝っている。

成功しているけれども何かすごく怖いときがある。落ち着かないということがある。それは心が負けているということ。

感情的恐喝は善良な仮面をかぶっている

強くなるというのは、自分が自分にとって頼りなかったのが、いつのまにか自分が確かなものに感じられはじめるということである。

人から嫌われるのが怖くなくなるということである。人の拒絶が怖くなくなるということである。

「べつに人の評判なんてどうでもいい」と思えてくるということである。もっと強くなると人の脅しが怖くなくなる。

家族愛とか友情とか「愛と正義」を持ち出して相手の罪の意識を刺激して、いいように相手を利用することを感情的恐喝という。

強くなると感情的に恐喝をされなくなる。感情的恐喝に際しても、冷静でいられるから、相手の利己主義がよく見える。

相手は「家族なのに」とか「お隣どうしだから」とか「友だちなのに」とかいう言葉で、自分の身勝手な要求を通そうとしているだけだと見えてくる。

感情的恐喝をする人のずるさが手に取るように見えてくる。

心の砦がないときには、感情的恐喝をされると心理的にパニックになり、相手の言うことを鵜呑《うの》みにしてしたがってしまう。

譲れば譲るほど相手はこちらをなめていよいよバカにする。そしていよいよ、いいように利用する。

感情的恐喝をする人は搾取タイプの人だから、結局こちらが心身ともに消耗して燃え尽きる。食べ尽くされる。

私は、搾取タイプの人から感情的恐喝をされて五十代、六十代で死んでいってしまった人をたくさん知っている。

みな人のいい人ばかりだった。質のよい人ばかりだった。やさしい人ばかりだった。口汚く相手を罵《ののし》るような下品な人はいなかった。あるいは善良な仮面をかぶって搾取するずるい人はいなかった。

しかし残念ながら戦わなかった。働かされて、いじめられて、利用されて、心身ともに消耗して死んでいった。

善良だけでは世俗の世の中を生き延びていくことはできない。

だから戦わなければいけない。

「せっかくあなたのことを信じていたのに」などと感情的恐喝をされたら、「ウソをつけ！」と言わなければいけない。

そして「そういう言い方を、感情的恐喝と言うんですよ、刃物を持って恐喝するよりも質が悪いと本に書いてありましたよ」と言ってあげればいい。

当初は苦しくても、つらくても、戦っていれば、少しずつ強くなる。眠れない夜があっても、しだいに強くなって眠れるようになる。

しかし「嫌われたくない症候群」の人は、さびしいから嫌われるのが怖いから戦わない。バトルが怖い。怒鳴られるのが怖い。利己主義者というレッテルを貼られるのが怖い。悪口を言いふらされるのが怖い。

そしてまた逆の「尊敬しています」とか「ご立派な方」とかいう見え見えのお世辞の言葉に弱い。劣等感が深刻だからである。

面と向かってそういう言葉を言われると、つくりだした心の砦が壊されてしまう。

お世辞を言われるということは、なめられているということなのである。しかし深刻な劣等感の持ち主は、それがわからない。

4　決断する覚悟の大切さ

「二」　捨てる

「譲る」のは解決の先延ばし

嫌われるのが怖くて、譲って、譲って、人間関係を維持していこうとしているうちに、どんどんと心の底には敵意が積み重なっていく。

譲って人間関係を維持しようとしても、だれでもおもしろくない感情を抱く。

敵意が積み重なれば、表面的にどんなにいい顔をしても、関係はうまくいかない。

それは、ベラン・ウルフが言うように相手はその人の無意識に反応するからである。相手はその人の無意識にある敵意に反応する。だから、最終的にはどうしても人間関係はうまくいかなくなる。

譲って、譲って我慢しても、最後には結果は悪くなる。譲ることでうまくしようとした人間関係は、譲ることでうまくいかなくなる。

「決断する」ということは「捨てる」ということである。

「あの人とは、うまくいかなくなってもいい」と覚悟をする。その「捨てる」覚悟ができなければ決断はできない。

「こうしたらあの人が気分を害する」「ああしたらこの人が怒る」と気にしていては、毅然《きぜん》とした態度はとれない。

「もういい！」と「捨てる」覚悟をして、はじめて決断ができる。

そして「捨てる」覚悟ができて、はじめて気持ちのうえで「スッキリ」とする。

人間はすぐに決断できるものではない。

だれでもいろいろと悩み、「どうしようか？　どうしようか？」と迷い、そうしているうちに、あるときに「こうしよう」という決断ができる。

決断できない人は、結局ずるい人からなめられる。ずるい人は決断できない弱さをかぎ分けて近寄ってくる。

さらに欲求不満な人からいじめられる。要するに質の悪い人から利用される。

そして消耗して病気になる。

いつでも、だれからもいい人と思われようとしていれば決断はできない。いつでも、だれからもいい人と思われることなどありえない。

決断する前に、いままでの自分の人生を反省してみる。

相手の意志に振りまわされた自分。自分を消してまで相手の意に添った自分。

そして結局はなめられた自分。あれだけ頑張って、無理をして、評価はされなかった自分。

そうした生き方の反省の上に立って決断をする。

感情をねじ伏せても無理があるから、ストレスになる。

人間、一年後にどうなっているかはわからない。

「決断をしない」ということは、「修羅場をつくらない」ということである。

「譲る」ことでその場は解決する。しかし本質的な状況は悪化している。

たとえば対人関係においていえば、相手は譲る前よりさらにこちらをなめてくる。より傲慢になってくる。より利用しようとしてくる。

その場を収めるという手段は、長期的に見ると事態の悪化を招く。

ブドウに新芽が出るためには、ブドウのどこかを切る必要があると聞いた。

「どこを切ればいいのかな？」

適切なところを切れば新芽が出る。

人間関係のトラブルは、相手がいるからなかなか思ったようには処理できない。したがって自分のなかの問題もそう簡単に処理できない。できることは自分のなかの問題を整理することである。

「切る」とは、「自分がどうすれば納得できるか？」ということである。

渦中にあると相手に飲まれているから些細なことがたいへんなことだと思う。

納得が解決。

執着しないと、違うほうにエネルギーが行く。生産的なほうにエネルギーが行く。

エネルギーが違うほうに注がれれば、ストレスはなくなる。

「人生、うまくいかない」と思うことが大事。

明日はわからないから「まず寝よう」

事実は生きられるのだけれども、「もう生きられない」と思うことがある。「これさえなければ」と思うが、それがなくなれば、次の問題が出てくる。違うことが起きてくる。「火事になると病気が治る」ということを読んだ。火事から逃げることが第一の問題になるからである。

だから夜の十二時には寝る。騒いでいても、死ぬときには死ぬ。どんなに財産があっても持って死んではいけない。

寝られることが、怒りがないことのバロメーター。寝ることができれば、勝てる。

シーベリーは不安を解消する八つの方法を述べている。その一番目は「不安な気持ちのままでベッドに横になっていてはいけません」（デヴィッド・シーベリー著、加藤諦三訳『問題は解決できる』三笠書房、一九八四年、一二七ページ）である。

快眠快食快便が目的。それをしていれば、いつかは目的を達成できる。それができていれば、自然と事態は好転してくる。

捨てることができれば、ストレスをためない。ストレスがなければ快眠快食快便ができる。

勝負は会社の出世ではない。快眠快食快便が勝負。

快眠快食快便は一見簡単なことのようでもたいへんなことである。なぜならそれはストレスを抱え込んでいないということだから。

熟睡できないときには、とにかく自分はいま問題を抱えているということである。それを認めること。

自分には気がついていない不満なことが何かある。身近なことが原因かもしれない。

大きなことに気がいってしまっているあいだに、小さな身近なことで不満がたまっている。

「決断には魔法の力があります」（『問題は解決できる』九六ページ）

積み上げたものが器から漏れたときに決断する。

どうしようかな、やめとこう。ルビコン河を渡ろうかな、やめようかな。

そこには迷いの時間がある。

時間を経て決断をしたときには、その決断に魔法の力がある。

迷いがないときには、すでにそれ以前に心で準備をしていたということである。

決断をしたときにはサッパリしている。

時の勢いがある。

自分に魔法の力を与えてくれるのは決断。


いまの時代、親の介護で悩んでいる人は多い。

介護をしなければ兄弟から嫌われる。親不孝と言われる。利己主義と言われる。事実、親の介護をしない人はトコトンの利己主義者。

それがイヤなら介護をする。

自分はいい人を演じながら、親の面倒をみない方法を考える。だから悩みが出る。

覚悟をして親の面倒をみる方法を考える。

そうでなければ「私は利己主義者で、どうしようもない人間」と認める。

あるテレビ局が、人生相談で、むかしは親がお金に困って子どもを売る相談があったと言ってきた。とんでもないことだと言う。

たしかにみごとに自分勝手。ただ子どもを売る話は、むかしは教科書にも出ている。しかし、じつはいまの親のほうがひどい。

いまの若い親の多くは、子どもは子ども、自分は自分と心の底では思っている。

いまは、ほんとうは子どもに無関心なのに、きれいごとで規範を言っている。しかし、むかしと同じ。

むかしはどうせ昆虫なら昆虫として扱っている。

いまもむかしも親は自分勝手。ただ、いまはその自分勝手を心の底に隠している。いまは親が自分を自分勝手と思っていない。

子どもがあっというまに生まれた。

いまの親は、自分を自分勝手と思っていないで、自分勝手なことをしようとしているから悩みが出る。

切れる関係ならしょうがない

嫌われるのが怖いから、言いたいことが言えないでいると気持ちが暗くなる。

あまりにも我慢すると気持ちが暗くなる。暗い人は我慢しすぎている。

その結果、かえって嫌われる。

「みんなからわがままな人だと思われやしないか」と恐れて、我慢をする。

八方美人になっていては決断ができない。

「あの人は我慢ができない人だ」と言われるのを恐れて、自分の感情と意志を言えない。

「あの人はけしからん人だ」と思っていても、ハッキリと「あの人はけしからん」と自分の感情と意志を示せない。

ハッキリと「こうする」と自分のなかで決められれば気持ちも落ち着くのに、あっちにもいい人と思われたい、こっちにも利己主義な人と思われたくない、となると決断はできない。

決断をするということは、人間関係でトラブルは出てくるということである。

すべての人に「好かれたい」と思っていれば、決断はできない。

そうして「すべての人から好かれたい」と思っているあいだに、言いたいことが言えず、不本意ながらも相手に同調し、敵意が積もりに積もって、高血圧になり、心臓病で倒れるかもしれない。

何よりも大切なのは決断である。「捨てる」ということである。

決断できない人は、人を勘違いしている。

人はこちらが我慢しても、それほどこちらのことを「立派な人だ」とは思っていない。それほどこちらのことを気にしているわけではない。

あなたがものすごく我慢をしても、相手はあなたがそれほど我慢をしているとは思っていない。

切れる関係は切れる。そこが決断である。我慢をしても体調を崩すだけである。

ストレスが原因の高血圧で心臓病になって倒れたからといって、その人たちがだれも真剣にあなたを助けてくれるわけではない。

それぞれの人はそれぞれで、自分の問題でせいいっぱいなのである。

好かれようとして我慢したからといって、それほど好かれるわけではない。

好かれようとして無理をして、我慢をして、それでも期待したものが返ってこない。返ってこなければ逆に恨みが出てくる。

「これだけ我慢をしたのだから、少しはわかってくれるだろう」と思うが、まずわかってもらえない。

「切れる」関係なら切れてもしょうがないと腹を決めることで、体調を保てる。

人に「私は不幸」と話してもしょうがない。

自分の意図していることを相手が理解しないと腹が立つ。

したがって相手に「こう思ってもらおう」と思うことは話さないほうがよいときが多い。

「こう思って」くれなくて腹が立つからである。

自分ではよいと思って話しているが、他人から見るとよいことではない。

この世の中には何もない。

それをわかることが悟り。そうすれば悔しくて眠れないということはない。


自分らしく生きるとは、自分の能力にしたがって生きるということである。その能力とはなにもパソコンや語学の能力ではない。

耐える能力も、生きるためには重要な能力である。それは英語の能力などと比較できるものではない。はるかに重要である。

自分らしく生きるとは、その自分の能力にふさわしい生き方をするということである。

自分の能力を超えて頑張って我慢をしても、結果はよくない。

それはガソリンが切れても走ろうとするようなものである。それが燃え尽きる人。

ガソリンがないから走れるわけはないのに、走ろうとする。

執着性格は疲れても休めない。

自分にできないことは「できない」と伝えて、関係が切れても心はサッパリしている。

「二」 対決する

難しくても対決する。拒絶されることを恐れない。

ある大企業に飛び込みで雇用された女性がいる。学歴は高卒。

人事の人は「高卒、困ったなぁ」と言った。

そこで彼女は「どうしていけないいんですか？」と聞いた。ほんとうにそう思ったからである。

自分がいままでに取った実用新案などを巻紙に書いて持っていった。彼女は自分を売り込むのは「巻紙だ」と思ったからである。

そして秘書になれた。

自分を打って出る。

対決するということは、嫌われるのが怖い人にはできない。拒絶されることが怖い人には生身で相手と対決できない。

対決する覚悟を決めると、拒絶されることも嫌われることも怖くなくなる。

嫌われるのが怖いのは、自己蔑視しているからである。

自分が自分を軽蔑していなければ、相手から軽蔑されることは怖くない。


毅然として自分を出す。

すると相手の対応が違う。

すると相手が見える。

利口ぶった演技を身につけても、それでは相手が見えない。

演技をしていると、自分を出したときと出さないときの、相手の対応の違いがわからない。

生身の人間と対決することを恐れないためには、こちらはやることをやっていなければならない。

飛び込みで秘書に採用された女性もやることをやっている。だから飛び込める。

次に自分で自分を守る姿勢がなければならない。何でも人に頼らない。

「三」　人間関係を整理する

納得するまで頑張って、ダメなら別れる

整理とは優先順位をつけること。

この人に嫌われるのと、この人と別れるのと、あの人から信用をなくすのと、あの人と争うのと、どちらが困るか？　そのようなことを考える。

自分にとって大切な人はだれかがわかってくる。

ところが神経症者は成功を焦っているから優先順位を間違える。先を考えていない。

どこに石を投げるかで先が違う。

客観的にものを見られるということは整理できている。


人が「泥棒しようぜ」と言った。その人は悪い。しかし、それに乗った人は意志がない。

また「泥棒をしよう」というような人を、自分の側に置いておいたことが悪い。

そういう人が側にいることは、運がよくないということである。そういう人から離れていることが安心すること。

そういう人から離れていることで心安らかにいられる。

何をしてもうまくいかないときには、人間関係を変える。

人間関係を整理することが必要。

いかに生きるかではなく、いかに側に変な人を置かないかを考える。変な人とは、こちらの思考を変えてしまう人である。

変な人といると、周辺が変な社会になる。社会的に許されない環境になる。そしてトラブルが起きる。

なんか心に引っかかるものがある人とは、別れる。

メダカのなかにザリガニがいると「これ、だいじょうぶかな？」と思うだろう。水は同じでもお互いに緊張感が走ることにはちがいない。それと同じこと。

多くの場合、別れることはエネルギーがいるから、離れなくてもよい理由を見つける。

その理由づけの段階で道を間違える。その後トラブルが起きる。

人間関係は自分が納得するまでよい関係を追求する。そして時間をかける。

そうしないと判断する力をなくす。自分が自分でわからなくなる。生きることに自信をなくす。

◇恨まれて困ることはない

その人と離れるということは、その人から恨まれることになるかもしれない。

しかし恨まれることを覚悟でこのことをしないと、問題は解決しない。

人は何もしなくても恨まれる。

恨まれても困ることは何もない。

いじめられて死ぬのに、「この預金通帳はクラスのみなさんで使ってください」と書いて自殺する人もいる。

自殺するときにも、みんなによく思われたい。

努力してもよく思われることはない。

何をしても恨まれる。

何をしなくても恨まれる。

そうした意味で人間社会にトラブルの解決はない。

よく思われようとして、手紙にいろいろなことを書いている。しかし、そう書いたからといってよく思われることはない。

そう書いたあとで返事を要求していて、「厚かましい」と思われたりする。

「穏便にことをすませよう」とすると、質の悪い人にどんどん侵食される。相手が搾取タイプのときには、穏便に事をすまそうとしてはいけない。

トラブルを起こして言い訳をする子がいる。そういう子は憎しみがある。

怒らないお母さんは疲れてしまっている。だから怒らない。

「穏便に事をすませよう」としていると、周りにおかしな人がどんどん集まる。

無理して「いい人」を演じていると、関係の形が崩れる。

こっちがいい人を演じていると周りは自分勝手な世界に入ってくる。

綱引きをして、引いているフリをする人がいる。口先だけは大きな声で「よいしょ、よいしょ」と言っている。

逆に本気で引っ張る人がいる。

綱が切れたときには、ほんとうに引っ張っている人が怪我をする。前後を見ないで、全身で綱引きをしているから怪我をする。

頑張る人が出れば出るほど、周りは頑張らない。怠ける。

周囲の人を見ないで頑張る人は、やがて「眠れない夜」を迎えるような人になる。

気がついてみると自分一人が頑張っている。


あなたの我慢に解決策はない。

几帳面《きちょうめん》なのにわざと遅れてくる人がいる。

ケチで人をなめている。

憎しみがあるのに、口はていねい。自分の机の上だけは整理されている。

こういう人は他人を利用する。

また、遅れてくるし、机の上が散らかっている人もいる。全部だらしがない。そういう人は優先順位がわからない。

全部だらしがない人と同じように、悩みが原因で早く死んでしまう人も、自分にとって何がいちばん大切かがわかっていない。

そういう人は善良なのだけれども、人間環境の整理ができていなくて、おかしな人に囲まれていつもトラブルにまきこまれている。

やたらに愛想よくする人がいる。

何かをしてもらおうとすると愛想よくなる。そこでずるい人になめられてしまう。

ペコペコしてしまうとなめられる。だますつもりがだまされる。

誠意は、つきあっている関係のなかで示される。

いきなりの誠意は必要ない。相手がどんな人だかわからないのだから。

最初は自己主張。

相手を見ろ。変だと思ったら変。

相手がどんな人かもわからないうちから親切は危険である。なめられてひどい目にあうことが多い。

親切な人は、相手の親切がわかるが、一度も人に親切をしたことのない人は、相手の親切がわからない。

あなたが親切をしても、相手は親切をされたとは感じない。逆に弱みがあると誤解される。

そしてとんでもない仕打ちにあう。

「恩を仇《あだ》で返す」という言葉がある。しかし、これは少し違う。恩を受けた側は、恩を受けたとは感じていない。恩を感じる心そのものがない。


修羅場は現実と向き合うこと。

活路を見つけるために、現実と向き合う。

現実に向き合うためには覚悟が必要。

修羅場とは、自分の自覚。

修羅場は現実と向き合って、自分がどう生きるかを見つけること。それは活路を見いだすこと。

「修羅場をつくる」ということはそういうこと。修羅場は活路。

現実と向き合うことは活路を見いだすことと思わなければ、話し合いが泣き言になってしまう。

シーベリーは不安を解消する八つの方法を述べているとさきに書いた。その八番目は「他人の愛情を失うことを恐れてはいけません。もし失ってしまったら、それはもともともっている価値のないものなのです」（『問題は解決できる』一三三ページ）。

私たちは持っている価値のないものに、しがみついて、自分から人生を苦しいものにしてしまう。

自分の幸せにとって何の意味もないものに、なんでそこまでしがみつくのか？

いまあなたが恐れている人は、あなたが病気になったときに助けてくれますか？　傷ついたあなたの心を癒してくれますか？

いまあなたの我慢には解決策がない。その先に生きる道がない。

活路を見いだすことが大切。

人といて居心地が悪いのは、周囲の人が心理的に敵だからである。人と食事をして楽しくないのは、周囲の人が敵だからである。

このままいても事態は改善に向かわない。

現実に向き合って事態を解決する。

「人間は、よくムダなことをしているな」と思うことがある。だいたいデパートにはたくさんの商品があるが、生活にどうしても必要なものはあまりない。

人は生きるために必要のないものを手に入れようとして無理をする。

「これをなくしたらどうしよう」と思うが、なくしても生きていかれる。

5 思いこみを解き放て

認めてもらいたい人を選ぼう

嫌われるのは怖くない、そういう強い人は、「あんな人に認めてもらわなくてよい」と思っている。べつに嫌われてもよいと思っている。

しかし嫌われるのが怖い人は、だれでもかれでも認めてもらおうとしている。

認めてもらうことを願わなくてもいい人から認めてもらおうとする。そのことで、自分から心理的に弱者の立場に立ってしまう。

認めてもらおうとすれば、認めてもらわなければ傷つく。認めてもらおうとしなければ、認めてもらえないことで傷つかない。

だいたい認めてもらおうとして傷つく人は、ずるい人の餌《えさ》になる。たいてい弱い人はずるい人に認めてもらおうとする。弱い人とは自分の力に頼って生きていこうとしない人である。

ずるい人は確実に、その認めてもらおうとしている人の心理的弱点を見抜く。そして利用する。

「これをすれば認めてやる、あれをすれば認めてやる」というようにして利用する。

「嫌われたくない症候群」の人は自分から傷つきにいったようなものである。

何も苦しむ必要がないのに苦しんで生きている。

「さびしい」ということは、つねに危険な心理状態である。認めてもらいたいし、つねに注意が欲しい。

つねに自分で自分の首を絞める準備態勢が整っているということである。

さびしいという人は、もし自分で自分の首を絞めなければ幸せになれるのに、たいていは自分で自分を傷つけて不幸になっていく。

認めてほしいという欲求を持っていると、相手が見えない。

八方美人などはつねに傷つく。いい顔をする必要がない人にいい顔をする。

そして親しい人がいない。無理をしていい顔をしているが、親しい人はできない。

嫌われるのが怖くて「イヤ」と言えない人は、親しい人がいない。

八方美人になることで、すべての人に対して自分から心理的に弱者の立場に立ってしまう。

小さいころから従順に生きてきたことで、八方美人になるような心理状態になっている。「報酬として与えられる愛」（フロム）に慣れている。

仕事でいえば下請け業者のようなものである。「言うとおりにしなければ仕事をあげない」と言われれば、言うとおりにしなければならない。

権威主義的な親に従順に生きてきたということは、つねにプレッシャーを感じて生きてきたということである。

いま生きるのが苦しい人は、「認めてやる」という誘惑に乗って生きてきて不幸になった。誘惑とは自分の望むイメージのように扱ってくれる人である。

愛情飢餓感が強い人は、搾取タイプの人に引きずりまわされる。ときに、そういう人は搾取されているときは気分がよい。「利用されていること」を「認めてもらっている」と錯覚するからである。

人に認められたいというのは、その人の弱点。

しかし自分のほうが尊敬している人から認められたいというのは強い証拠。

尊敬は普段着。普段着だけれどもエプロンだけはノリがきいている。

「私はだれに対しても弱みはない」◇

弱みがあると、人は他人にいい顔をする。そして笑顔を振りまく。八方美人は心の底で自分の偽善に気がついている。

それを見て、ずるい人は「この人は弱みがある」と的確に見抜く。

実際に弱みがある場合には、それはそうなるのが当たり前である。

しかし実際に弱みがあるのではなく、その人が勝手に「私は弱みがある」と思いこんでいるだけのことがある。

実際に弱みがあるから人は他人にいい顔をする、というよりも、他人にいい顔をするから、何でもないことが弱みに感じてくるのである。

「私はだれに対しても弱みはない」と思ってみる。そう思えばそう思えないだろうか。

ある女性である。アルバイト先で周りの人を立てすぎて、自己嫌悪に陥り、死にたくなった。

その人は相手を立てないと受け入れられないと一人で勝手に思いこんでいる。

ほかの人は適当にみなそれぞれ楽しんでアルバイトをしている。

また別の人は「笑えないと嫌われる」と一人で勝手に思いこみ、自分で自分に笑うことを強制していた。無理がきかなくなって、笑おうとすると顔が引きつってしまい、一人で黙り込むようになってしまった。

この人もまた死にたくなった。

嫌われるのが怖い人は、「いま、私はどのような思いこみに囚われているのか？」と自分に問いかけてみることである。

そして当然のことながら、最大の問題は小さいころからの思いこみである。この思いこみを小さいころの生活を反省することで解消しなければならない。

子どもが言うことを聞かないので、母親はどうしてよいかわからない。そこで、子どもを脅す。

家出するとか、子どもをよそにやるといって脅かす。「ママは出ていく」という母親は子どもを脅している。

そうして脅された子どもはいつも不安感がある。

「このような制裁や制裁のおどしが反復的に用いられるとき、あるいは時折であっても強度に用いられるとき、それらはパーソナリティの発達に不幸な影響をもたらす。特に、それらは必要に際しての有効性に大きな疑いを故意に投げかけるので、そのようなおどしは、自分は棄てられるかもしれないという個人の恐怖を非常に増大させるだけではなく、他の事態に対する恐怖反応の敏感性をもいちじるしく増大させる」（Attachment and Loss／『母子関係の理論Ⅱ 分離不安』二三二ページ）

要するに子どもは親から脅されることで、自分は嫌われるのではないかという恐怖感を増大させる。

嫌われるのが怖い人は、小さいころいつも親から脅されていたのではないか。

「自分はいつも脅されていたのではないか」と、小さいころのことを考えてみることである。

そしてこの脅しで言われなき恐怖感を心の中に増大させた。

したがって嫌われるのが怖いという恐怖感には何の理由もないのだと、恐怖感が消えるまで自分に言い聞かせることである。

あとがき

この本を読んで嫌われないために無理をしても、幸せにはなれないし、嫌われないために払う代価はあまりにも大きいということがわかってくれたのではないだろうか。

「嫌われたくない症候群」の人は、嫌われるのが怖いから犠牲を払う。しかし結果は嫌われる。

ポーランドの哲学者タタルケヴィッチは「あなたが犠牲を払うから幸せになれない」と言っている。

私たちは嫌われたくないということで、なんと多くのものを失っていることだろうか？

嫌われないために日々支払っている代価の高さに私たちは気がついていない。

相手から嫌われることの恐怖が、自己実現の気持ちより強い。嫌われるのは怖いから、自分を偽っても相手に受け入れられようとする。

好かれたい、嫌われるのが怖いという気持ちと、もう一つの実際にある気持ちとが両立しない。

もう一つの実際にある気持ちのなかには自己実現の願望がある。そうしたものを捨てたことが日々支払っている代価である。

幸運にも嫌われることがなくても「嫌われなかったけれども幸せにはなれなかった」ということがよくある。

自分が相手を嫌いなのに、その相手から嫌われないために無理をするとどうなるのか。

相手に文句を言いたいけれども文句を言えない。そこにいたらイライラする、食事がおいしくない、笑いたくても笑えない、泣きたくても泣けない、ただムスっとして無口になる。

それでいながら、「そのテレビ消してくれ」と言えない。その場の空気を壊したくない。

そうなったらそこは地獄。

食事中にテーブルの上の塩を指して、「その塩をとって」と言えない。

なぜならそこにいる人と心がふれていないから。

「嫌われてもよい」、そう思って、その場を焼き尽くせ。

それが意志であり、自立である。

春夏秋冬と人は服装の整理をする。服装の整理と同じように、人生のそれぞれの時期に、人間関係の整理をする必要がある。

別れる時期に来ているのに別れないカップルが多い。

「嫌われたくない症候群」の人は、羽をもぎ取られた鳥のようなものである。それは飛べない鳥。

つまり「嫌われたくない症候群」の人は、「いい人」を演じているが、心のある人間ではない。もはや血の通った人間ではない。

相手を嫌いなのに離れられない。依存と敵意で相手に絡む。

「嫌われたくない症候群」の人はみんなから認めてほしい。認めてもらえれば、自立できる。自立できれば嫌われるのは怖くなくなる。

いまの人は、よく「嫌われるのが怖い」と言う。しかし人は、何もしなくても嫌われる。

何もしなくても怒られる。

「嫌われたくない症候群」の人は、小さいころから周囲の人がいつもイライラしていたのではないだろうか？　そして不機嫌な人々ではなかったか。

周囲の人たちは、何かあるとすぐに怒る人たちではなかったか？

そうした環境のなかで育てば、嫌われるのが怖いのは当たり前である。

小さいころ、周囲の人に怒られたら生きていかれない。怒りっぽい人間環境のなかで育てば、嫌われるのが怖くてビクビクしているのは当然である。

小さいころ嫌われることは、たしかにたいへんなことであった。

しかし大人になったらそうではない。

ところが人は、やはり大人になっても小さいころの再体験をする。

そこで嫌われたら何かたいへんなことになると錯覚をしている。「嫌われたくない症候群」の人は、いわば幻想のなかで生きている。

いつも相手が怒るのを恐れている。

「はしがき」にも本文中にも書いたが、だれでも嫌われたくない。しかし自己喪失と嫌われることとの選択では、嫌われることを選択する。

しかし「嫌われたくない症候群」の人は、そこで相手に合わせて、自己喪失する。

この本を読んで、自分が自己喪失していることに気がついてくれれば、これからは物事がうまく回転しはじめる。

この本はさきの『言いたいことが言えない人』に続いて、ＰＨＰ研究所新書出版部の林知輝さんにお世話になった。「嫌われたくない症候群」という名前は林知輝さんがつけたものである。

二〇〇七年三月

加藤諦三

PHP新書
PHP INTERFACE
http://www.php.co.jp/

加藤諦三［かとう・たいぞう］

1938年東京生まれ。東京大学教養学部教養学科卒業、同大学院社会学研究科修士課程修了。73年以来、たびたびハーヴァード大学准研究員を務め、現在、早稲田大学名誉教授。またハーヴァード大学ライシャワー研究所准研究員、日本精神衛生学会顧問、ラジオ「テレフォン人生相談」（ニッポン放送系）パーソナリティーとしても活躍する。

おもな著書に『アメリカインディアンの教え』（扶桑社文庫）、『自分を嫌うな』『自信』（以上、三笠書房・知的生きかた文庫）、『心の休ませ方』『不安のしずめ方』『やさしい人』『いじめに負けない心理学 新装改訂版』（以上、PHP研究所）、『「思いやり」の心理』『「やさしさ」と「冷たさ」の心理』『行動してみることで人生は開ける』『自分に気づく心理学』（以上、PHP文庫）、『言いたいことが言えない人』（PHP新書）など多数ある。

だれにでも「いい顔」をしてしまう人

（PHP新書 453）

嫌われたくない症候群

二〇〇七年五月二日 第一版第一刷
二〇一六年五月四日 第一版第十三刷

著者——加藤諦三
発行者——小林成彦
発行所——株式会社PHP研究所
東京本部——〒135-8137 江東区豊洲5-6-52
新書出版部 ☎03-3520-9615（編集）
普及一部 ☎03-3520-9630（販売）
京都本部——〒601-8411 京都市南区西九条北ノ内町11
制作協力 組版——株式会社PHPエディターズ・グループ
装幀者——芦澤泰偉＋児崎雅淑
印刷所 製本所——図書印刷株式会社

ISBN978-4-569-69111-4

ＰＨＰ新書刊行にあたって

「繁栄を通じて平和と幸福を」（PEACE and HAPPINESS through PROSPERITY）の願いのもと、ＰＨＰ研究所が創設されて今年で五十周年を迎えます。その歩みは、日本人が先の戦争を乗り越え、並々ならぬ努力を続けて、今日の繁栄を築き上げてきた軌跡に重なります。

しかし、平和で豊かな生活を手にした現在、多くの日本人は、自分が何のために生きているのか、どのように生きていきたいのかを、見失いつつあるように思われます。そして、その間にも、日本国内や世界のみならず地球規模での大きな変化が日々生起し、解決すべき問題となって私たちのもとに押し寄せてきます。

このような時代に人生の確かな価値を見出し、生きる喜びに満ちあふれた社会を実現するために、いま何が求められているのでしょうか。それは、先達が培ってきた知恵を紡ぎ直すこと、その上で自分たち一人一人がおかれた現実と進むべき未来について丹念に考えていくこと以外にはありません。

その営みは、単なる知識に終わらない深い思索へ、そしてよく生きるための哲学への旅でもあります。弊所が創設五十周年を迎えましたのを機に、ＰＨＰ新書を創刊し、この新たな旅を読者と共に歩んでいきたいと思っています。多くの読者の共感と支援を心よりお願いいたします。

一九九六年十月

ＰＨＰ研究所